Marie-Luise Knopp und Barbara Heubach (Hg.)

Irrwege, eigene Wege

Psychiatrie-Verlag

Marie-Luise Knopp und Barbara Heubach (Hg.)

Irrwege, eigene Wege

Junge Menschen erzählen von ihrem Leben nach der Psychiatrie

EDITION
BALANCE

Die Deutsche Bibliothek – CIP-Einheitsaufnahme
Irrwege, eigene Wege :
junge Menschen erzählen von ihrem Leben nach der Psychiatrie /
Marie-Luise Knopp und Barbara Heubach (Hg.).
2. Aufl. – Bonn : Psychiatrie-Verl. 2001
(Edition Balance)
ISBN 3-88414-238-0

© 2. Auflage Psychiatrie-Verlag gGmbH, Bonn 2001
Kein Teil dieses Werkes darf ohne Zustimmung
des Verlages vervielfältigt oder verbeitet werden.
Umschlag: Hans Schlimbach und Ute Hüper, Köln,
unter Verwendung eines Bildes von Toni Pashalidis
Satz: Marina Broll, Dortmund
Druck: Clausen & Bosse, Leck

Psychiatrie-Verlag im Internet: http://www.psychiatrie.de/verlag

Irrwege, eigene Wege

Inhalt

Therapie – Manege meines Lebens?

Den roten Faden suchen

Lücken im Lebenslauf

Die Magie der Worte

Wahnsinnskarrieren

Biografische Notizen

Weitere Bücher zum Thema   197

VORWORT

Ist »Wenn die Seele überläuft« eine *unendliche* Geschichte? Ja, sie ist zumindest eine Geschichte, die immer fortgesetzt werden könnte, die immer weiter wächst, denn das *wahre* Leben beginnt erst nach dem Aufenthalt in einer Psychiatrie. Die Berichte aus »Wenn die Seele überläuft« endeten fast ausschließlich mit der Aufnahme in einer Kinder-und Jugendpsychiatrie. Die Texte entstanden mitten in den Krisen. Das *Danach* wird nur in wenigen Texten knapp beschrieben.

Durch zahlreiche Lesungen quer durch Deutschland hatten wir die Gelegenheit, die Jugendlichen noch ein Stück in ihrem Leben *danach* zu begleiten. So konnten wir feststellen, dass sie größtenteils sehr unterschiedlich mit dem *schwarzen Fleck* ihrer Vergangenheit umgegangen sind. Aber dass der Psychiatrie-Aufenthalt ein Handicap war, mussten uns leider alle bestätigen. Für manche begann erst nach der Entlassung die wahre Therapie, andere wollten dieses Thema einfach aus ihrem Leben streichen, nach dem Motto: verdrängen, vergessen, besser ein Leben mit zwei Gesichtern führen. Bei einigen kam es zu zahlreichen Rückfällen, aber nicht wenige haben es wirklich geschafft.

Für die meisten von ihnen war es ein Problem, nach dem kokonhaften, geschützten Leben in einer Psychiatrie den Alltag zu meistern. Oftmals fühlten sie sich nach der Entlassung hilflos und allein gelassen, denn nicht jeder hatte das Glück, anschließend durch eine Therapie aufgefangen und gestützt zu werden. Gerade in dieser Zeit war das Schreiben für sie eine wichtige Hilfe, ein Ventil, eine Möglichkeit, Gedanken zu ordnen, das Gefühlschaos zu entwirren, sich mit Verletzungen und Unbegreiflichkeiten auseinander zu setzen, etwas festzuhalten, »den roten Faden des Lebens zu finden«. So blieben manchmal das Tagebuch und auch Briefe ohne Adressaten die einzigen treuen Begleiter, die geduldig zuhörten und ihnen die Gelegenheit gaben, sich den Frust, die Enttäuschung und die Verzweiflung von der Seele zu schreiben. Und sie wollten antworten auf die ihnen immer wieder gestellten Fragen wie:

Hat euch der Klinikaufenthalt etwas gebracht?
Steht ihr offen zu eurem Aufenthalt in einer Psychiatrie?
Habt ihr nach eurer Entlassung Freunde verloren?
Wie ist jetzt euer Verhältnis zu eurer Familie?
Braucht ihr heute noch Therapie?
Gab es bei einigen von euch Rückfälle?
Wie reagieren Arbeitgeber, weiterführende Schulen, die
Gesellschaft überhaupt auf euren Psychiatrieaufenthalt?

Doch die jungen Autoren und Autorinnen haben auch geschrieben, um gehört zu werden. Sie wollten Menschen erreichen, die ihnen immer noch mit diskriminierenden Vorurteilen begegneten. Sie wollten die Gleichgültigen wachrütteln, die Unwissenden aufklären, die Ungerechten um Gerechtigkeit bitten ... Wir haben versucht, auf all die oben genannten Fragen eine Antwort zu geben. Dieses Buch ist nicht als Anklage zu verstehen, sondern als Bitte um Verständnis.

Dabei sind wieder Texte in den unterschiedlichsten Formen und Gattungen entstanden, angefangen von Gedichten, Berichten bis hin zu Tagebuchaufzeichnungen, Briefen und Essays mit den unterschiedlichsten literarischen Qualitäten: erzählend, berichtend, satirisch, zum Teil sogar philosophisch.

Wie die jungen Menschen letztendlich auf den verschiedenen Irrwegen über zahlreiche Umwege doch noch ihren eigenen Weg gefunden haben – oder auch nicht –, beschreiben sie in diesem Buch »Irrwege, eigene Wege«.

Die Texte sind weitaus kritischer als in »Wenn die Seele überläuft«. Sie beschreiben die Zeit in der Kinder- und Jugendpsychiatrie aus der Distanz der Ehemaligen, die diese Einrichtung als Lebens- und Überlebenshilfe auch heute noch akzeptieren, dem Konzept sowie der Behandlung aber kritisch gegenüberstehen.

Marie-Luise Knopp und Barbara Heubach
Düsseldorf, im Juni 1999

Einleitung

Es gibt nichts Unterhaltsameres als das Unglück anderer Leute. Eine ganze Nachrichtenindustrie lebt davon. Warum sonst trägt das Fernsehen Abend für Abend die Bilder weinender Opfer und zerfetzter Leiber ins Reihenhaus? Doch nicht wegen irgendwelcher Einsichten! Sondern weil Gruseln Quote macht. Dass da ein Informationsauftrag erfüllt würde, ist nur eine zeitgenössische Form der Bigotterie.

Anderer Leute Unglück: Das sehen wir uns gerne an. Und das Gute daran ist ja, dass die Opfer immer die anderen sind. Es betrifft uns nicht wirklich. Im Gegenteil: Anderer Leute Unglück vermittelt uns die Gewissheit, dass es uns selber so schnell nicht treffen wird, so geborgen, wie wir sind. Wer selber in der Scheiße sitzt, ist nicht so scharf auf fremde Misere.

Offenbar funktioniert dieser Mechanismus aber nicht ganz so reibungslos, wenn es um die seelischen Katastrophen geht, von denen dieses Buch handelt. Da gucken die meisten lieber weg als hin. Warum wohl? Vermutlich, weil wir unterschwellig fühlen, dass die Fernbedienung nicht helfen würde. Erdbeben und Epidemien werden uns so schnell nicht ereilen, aber was machen wir, wenn mal die Seele bebt und wir in schwarze Löcher fallen? Dagegen wären wir machtlos und könnten uns nicht wegzappen. Und das macht Angst.

Deshalb, glaube ich, wehren die meisten Leute das Thema lieber ab und schieben es beiseite, bis hin zu völliger Verständnislosigkeit. Im Grunde ein ganz einfacher Mechanismus.

Wir wollen aber nicht abgeschoben sein, sagen uns die Autoren dieses Buches, wir sind auch nicht so anders als ihr, wir haben nur (vorübergehend) die schwarzen Löcher nicht ganz so im Griff und gehen ein paar Irrwege. Seid euch eures Gleichgewichtes doch nicht so sicher. Es ist eine ziemlich wackelige Angelegenheit. Mit uns wird nur auf die Spitze getrieben, was auch ein Stück von euch ist.

Erstaunlicherweise kommt die Botschaft an, dem beschriebenen Mechanismus zum Trotz. Die Texte dieses Buches faszinieren auch den, der nicht vom Helfersyndrom befallen ist. Warum? Nicht weil sie voyeuristische, bigotte Interessen wecken, wie die Nachrichten im Fernsehen, sondern weil sie so gut sind. Und warum sind sie so gut? Weil sie keine konstruierten Kunstprodukte von Leuten sind, die sich etwas ausgedacht, selber aber nichts erlebt haben – und weil sie dennoch dem Chaos eine Form geben. Auf zweierlei Weise: Schreiben bedeutet ja, dem Chaos der Vorstellungen und Worte eine Gestalt geben. Und Schreiben ist für die Autoren dieses Buches der selbsttherapeutische Versuch, ihrem seelischen Chaos Korsettstangen zu verpassen.

Es sind großartige Lebensromane in diesem Buch, ausdrucksvolle Sprachwerke, kunstvoll konstruierte Biographien – nur dass sie eben erlebt sind.

»Meine eigene Geschichte auf eine erträgliche Größe reduzieren, um sie erinnern zu können, ohne zu verzweifeln«, schreibt Christiane. Ja, im Büchermuseum ist Ruhe, denn die Ungeheuer sind ausgestopft.

Lebende Geschichten aber können ziemlich biestig werden. Das weiß Christiane nur zu genau. Und so hat sie »jeden Tag Angst vor dem dramatischen Ende meiner Geschichte«.

Schreib weiter, Christiane. Solange du deinen Lebensroman schreibst, ist das Ende offen.

Friedrich Riehl
Paris, im Mai 1999

ZURÜCK IN DIE ZUKUNFT?

Natürlich lernt man mit der Zeit, die Krisen
in den Griff zu bekommen. Es ist nicht leicht, doch man
muss schließlich lernen, auf eigenen Beinen zu stehen.
Am besten ist es, sich einen Panzer umzulegen.
Auch wenn es mich sehr traurig macht,
muss ich etwas von meinen Gefühlen auslöschen.
Sonst kann ich auf dieser Welt
mit diesen Menschen nicht leben.

KINDER DER NACHT

SANDRA, 23

Sie alle passten nicht mehr in euer Bild der Welt – in das Spiel der heilen, glücklichen Familie. So versuchten sie, dieser Welt zu entkommen, versuchten, sich zu befreien, der Wirklichkeit zu entfliehen.

Sie sind Kinder der Nacht, Kinder, die das Licht des Tages nicht mehr erkennen können. Ihre Augen ziehen es vor, lieber nichts mehr zu sehen, ihre Münder schweigen. Um sich herum haben sie eine hohe Mauer aufgebaut, eine Mauer, gebaut aus den Steinen ihrer Angst, die sie schützen soll. Doch gibt es einen wirklichen Schutz?

Immer wieder holt die Vergangenheit sie ein. Es gibt kein Entkommen für sie, außer den Weg des Todes zu gehen. Habt ihr euch die Kinder der Nacht schon einmal genau angesehen? Diese Augen, in denen nichts als Leere zu erkennen ist? Sind diese Kinder doch erst wenige Jahre alt, hat es dennoch den Anschein, als hätten sie ihr Leben bereits hinter sich, hätten schon alles erlebt. Hört ihr sie schreien und toben oder schweigen? Was sie auch tun, ob sie schreien oder schweigen, sie sagen nichts. Ihre Münder sind ihnen verboten worden. Sie sind stumm, verstummt. Es sind Kinder ohne Worte.

Nun sind die Kinder aus dem Verkehr gezogen worden, als »verrückt«, »hysterisch«, »geisteskrank« abgestempelt, damit euer Bild der heilen Welt nicht zerstört wird, damit ihr euer Spiel weiterspielen könnt. Sie sind gefangen in der geschlossenen Abteilung, gefangen in eurem Lügennetz, gefangen aber auch in ihrem eigenen Körper, gefangen in ihrer Schuld. Schuldig – für was auch immer!

Seinen Nächsten verrät man nicht – so klagen sie sich selber an. Fühlen sich verantwortlich – schuldig. Zerstören sich so, wie andere sie zerstört haben. Die Wunden auf ihrer Haut werden mit der Zeit verheilen, doch die Wunden auf ihrer Seele werden ewig bleiben und sie an ihre Vergangenheit erinnern.

Sie finden ohne viele Worte andere Kinder der Nacht. Kinder, die so denken und fühlen wie sie selbst. Es gibt ein stilles Einverständnis zwischen den Kindern der Nacht, ein für euch unerklärbares Wissen über die anderen.

Die Kinder bekommen hier Hilfe von Menschen, die versuchen, ihre Mauer zu durchdringen. Gibt es noch Hoffnung für die Kinder? Haben sie eine Chance auf ein »normales« Leben? Wie viele Kinder der Nacht sind schon in die endgültige Nacht des Todes eingetaucht, weil sie kein Entkommen mehr sahen? Sie sind ihren eigenen Weg gegangen, den richtigen Weg? Sie fühlten sich schuldig – schuldig für ihr Reden.

Und wie viel Kinder irren noch in der dunklen Nacht eurer perfekten, heilen Welt umher? Sehen kein Licht, kein Entkommen?

Könnt ihr die Verzweiflung, das Leid der Kinder der Nacht erkennen? Oder seid ihr blind, habt Angst, etwas zu sehen, was nicht sein darf?

Öffnet den Kindern die erblindeten Augen, bringt die verstummten Münder zum Reden. Zeigt ihnen den Weg zum Leben. Befreit die Kinder der Nacht von ihrer Schuld!

Wieder zu Hause

Lara, 15

Ein Schloss, ich bin die Königin. Throne auf dem Sofa, stopfe Apfel-Vanille-Brei in mich hinein, um die Schreie zu ersticken. Ich sehe schöne reiche Frauen, weißzahnig, glatthäutig, zart, fein, zurückhaltend. Ich sehe sie in der Kiste vor der ich Tag ein Tag aus hänge.
Alles ist ein Traum, ohne Gefühle. Ich atme Rauch ein und aus, bis der gewünschte Effekt eintritt. Ich lege mich auf mein Bett und entschwinde.

Rufe wecken mich. Meine Mutter. Im Nebel meiner roten, glänzenden Augen.

Wo ist das Geld?

Äh, äh, ich war auf der Kirmes.

Was ist mit deinen Augen?

Ich bin mit Kontaktlinsen eingeschlafen.

Die Tür geht zu, Gefahr vorüber.

Monster in allen Spiegeln. Allein ich – ohne Rauch. Renne unruhig durch die Wohnung.

Kann nicht mehr flüchten. Hasse mich.

Lara, du wirst es nie zu etwas bringen.

Lara, du bist ein narzisstischer Versager.

Lara, du stinkst.

Lara, das Fett quillt aus deinen Poren.

Lara, du Monster.

Ich weine, ich schiebe alle Muskatnüsse in mich hinein. War da nicht mal was mit den Beatles und LSD?

Ich nehme eine Schere, es macht mir Freude, in meine eigene Hand zu schneiden ...

STOPP! AUS! SCHLUSS! ENDE!

Ich rufe meine Therapeutin an.

Hallo, hier ist Lara.

Ah! Na?

Kann ich vielleicht schon heute einen Termin haben?

Geht es dir nicht gut?

Nein!!! Ganz und gar nicht! Ich stelle Unsinn an, wenn es mir nicht bald besser geht!

Ich drehe durch! Ich kann nicht mehr!

Nein.

Mmh. Um 16.15 Uhr?

Ja.

Was machst du denn jetzt? Bist du irgendwie unruhig? Hast du Angst?

Ich erkläre ihr irgendwelchen Mist, von wegen Kiffen und Essen, aber es klappt nicht. Ich spüre förmlich ihre Erleichterung, obwohl sie nichts von sich gibt.

Lara macht sich wieder einmal wichtig, ist ihr vielleicht langweilig?

So weiß ich selber nicht, was mit mir los ist, und warte auf den Termin. Ob sie mich verabscheut? Oder mich nicht ernst nimmt?

Ich liebe dich, weil ich dich brauche für meine Zwecke, kapiert?

EINE WOHNUNG IST KEIN ZUHAUSE

SHILA, 18

Ich bin fast zwei Jahre in der Kinder- und Jugendpsychiatrie gewesen, anschließend noch kurz auf der Erwachsenenstation. Im Juli 1998, nach meinem 18. Geburtstag, wurde ich nach Hause entlassen.

Bei einer früheren Entlassung hatte ich mich für das »Betreute Wohnen« entschieden. Ich hatte bereits eine eigene kleine Wohnung und kam also nach der Entlassung direkt dorthin. Ich dachte, dass es zu Hause einfach nicht klappen konnte, und auch die Ärzte in der Klinik waren der Meinung, dass es besser für mich sei, in eine WG zu gehen. Da ich aber, nachdem ich mir eine WG angeschaut hatte, auf gar keinen Fall dort leben wollte, entschied ich mich für das »Betreute Wohnen«, sodass ich nicht einen zu engen Kontakt hatte, aber auch nicht ganz auf mich allein gestellt war. Durch das »Betreute Wohnen« sollte ich lernen, Verantwortung zu übernehmen und selbstständig zu werden. Ich bekam jeden Monat Geld für Verpflegung, für Kleidung und auch Taschengeld.

Für mich war eine Sozialpädagogin der Diakonie zuständig. Je nachdem wie ich sie brauchte, habe ich mich mit ihr getroffen. Meistens war das so einmal in der Woche. Auch hat wöchentlich eine Gruppe stattgefunden, an der zwei Betreuer und die von ihnen betreuten Jugendlichen teilnahmen.

Und nach einer so langen Zeit auf Station, wo ständig jemand da war, saß ich erst einmal sehr alleine in der Wohnung. Zuerst hat es mich gefreut, die Wohnung so einzurichten, wie es mir gefiel, da ich noch nie ein eigenes Zimmer nur für mich hatte. Immer wieder hatte ich es mir vorgestellt, wie es sein würde, endlich mein eigenes Zuhause zu haben.

Aber eigentlich habe ich mich von Anfang an nie so richtig wohl gefühlt. Ich bin nur unterwegs gewesen. Oftmals war ich auch wieder zu Hause, bei meinen Eltern. Meine Wohnung nutzte ich nur zum Schlafen. Zu Hause wurde mir oft gesagt, ich hätte jetzt eine Wohnung und solle doch dahin gehen.

Mit der Zeit habe ich mich total einsam gefühlt und bekam in dieser Wohnung richtig Angst. Es wurde wieder alles so wie früher. Ich habe es nicht mehr ausgehalten und bin wieder auf die Station gekommen.

Für mich stand fest, nicht mehr in die Wohnung zurückzugehen. Aber alle waren dagegen, dass ich wieder nach Hause gehe. So sollte also für mich eine entsprechende Unterkunft gefunden werden, und das war gar nicht so einfach.

Ich wollte aber nur wieder nach Hause, weg von der Klinik. Die Zeit auf den verschiedenen Stationen in der Psychiatrie war sehr schwer, da es mir immer schlechter gegangen ist und ich durch die ständigen Stationswechsel das Gefühl hatte, dass man mich nur abschieben und mir nicht helfen will. Dann hat man mich auf mein Drängen hin doch nach Hause entlassen. Meine Mutter versteht bis heute nicht, warum es mit der eigenen Wohnung nicht geklappt hat und auch nicht klappen konnte.

Seit diesem Schuljahr gehe ich, nachdem ich die Realschule abgeschlossen hatte, wieder auf ein Gymnasium. Ich hoffe, dass ich die drei Jahre auf der Schule durchhalte und ein gutes Abi schaffe. Besonders möchte ich einem Lehrer danken, der mir immer, auch wenn es oft nicht leicht ist mit mir, behilflich ist. Oft wollte ich in dem ersten Jahr auf eine andere Schule wechseln, wenn ich wieder das Gefühl hatte, dass mich keiner wirklich mag. Durch das verständnisvolle und sehr geduldige Zuhören dieses Lehrers und auch zweier Freundinnen habe ich es geschafft. Jetzt kann ich sagen, dass ich auch das nächste Schuljahr dort bleiben möchte.

In kurzer Zeit werde ich mit meiner Familie in ein Haus ziehen, und dort werde ich dann mein Zimmer wieder so einrichten, wie es mir gefällt.

Es ist nicht richtig, wenn behauptet wird, es habe sich nichts verändert. Bei mir hat sich etwas verändert, auch wenn es nur ein ganz kleiner Schritt ist und das meiste noch vor mir liegt.

ALLEIN IN MIR GEFANGEN

HEIKE, 16

Schlangenköpfe rings um mich ... Sie drohen mich zu fressen, ja zu verschlingen! Niemand hält mich. Niemand! Rachegeflüster, aber keine Stimmen, die zu mir sprechen. Bedrohung, und alles ist zu spät, um es zu retten. Zu spät war der Atemzug, um dich zu erlösen, um die Welt zu heilen, um mir zu helfen!

Ängste und eine große Panik vor dem Leben, vor dem Tod, dem Endlichen (?) sind geblieben und drohen mich zu vernichten. Unzufriedenheit und eine kaum zu schließende Lücke entsteht da, wo eigentlich das Herz im Kopf sein sollte. Verfremdung der Seele. Uneins mit der Welt, allein im Nichts gefangen ...

Reißzähne und rot stechende Augen, bereit, mir Wahrheit und Wissen einzuflößen und mir eine Existenz zu verleihen. Ungeheuer, die nur in meinem kaputten Gehirn zu leben scheinen, aber wer weiß schon ... Sie zersetzen mein Bewusstsein, damit ich nicht mehr denken kann, denn dies ist »dangerous«. Pure Gefahr, für das Leben im Tode!

Ich fühle mich dir so unendlich nahe ... Meine äußere Hülle

scheint gar nicht mehr vorhanden zu sein ... Alles bricht über mir zusammen, und die heiße, höllische Leere kommt wieder näher.

Diesmal ist es anders, denn dort warten SIE, die bösen Gedanken! Blendendes Licht, durch stürmische Nächte, aber niemals die Erlösung! Die pure schöpferische Frische ist getrübt von ekelhaftem Schleim, der einen lähmend dahinkriechen lässt.

Tod, aber das Bewusstsein noch längst nicht verloren, bis zum Neuanfang der Hölle, bis du dem Teufel persönlich begegnen darfst. Sieht er so aus?

Alles zu viel ... so viel und doch zu wenig für mich ... falsch ... Beeinflussung des Sterbens, damit man zur ewigen Ruhe gelangt? Warum sonst?

Drehen und nie wieder aufhören.

BITTE ...

Nun ist es schon ein Jahr her ... vieles ist geschehen und einiges hat sich sogar verändert, aber ... was ist mit mir? Die Ungewissheit ist zur Gewissheit geworden, und ich verliere mich immer mehr im weltlichen Geschehen. Man hat mich in dem Zustand entlassen, in dem ich war, als ich vor einem Jahr eingeliefert worden bin. Nichts hat sich wesentlich verändert! Zwar habe ich in dieser Zeit viele liebe Menschen kennen gelernt, und es haben sich mir auch einige Chancen geboten, aber ... was habe ich bisher daraus gemacht?

Sollte ich nicht endlich anfangen, mein Leben zu leben?

... in mir gefangen, ein kleines NICHTS in der unendlichen Hölle des SEINS. Zu schwach, um die eigene Zerstörung aufhalten zu können!?

Sich die Gedanken, und vor allem den Wahnsinn, von der Seele schreiben, geht das?

Wäre ich von meinen quälenden Erinnerungen geheilt, wenn ich alles hier niederschriebe, auf dieses Stück Papier? Nein, so einfach kann es nicht sein, denn ich verspüre schon wieder diesen »Hunger«, diese Sucht, die seit geraumer Zeit mein ständiger Begleiter zu sein scheint. Es ist die Sehnsucht nach Sinn und

Sicherheit, nach Liebe, Geborgenheit und vor allem innerer Harmonie! Alles Dinge, die ich zurzeit so sehr vermisse und mir selbst nicht geben kann.

Und nun suche ich verzweifelt Halt in dieser Leere, wobei ich meinen toten Geist fast täglich mit Essen zu betäuben versuche, da ich die Welt um mich herum nicht mehr ertragen kann.

Es ist ein grausamer Kreislauf, in dem ich mich immer mehr verfange und woraus ich einfach keinen Ausweg finde.

Wer hilft mir? Wer steht mir bei diesem erneuten Kampf noch zur Seite?

Mein Freund, den ich über alles liebe und der sich bisher leider so vergeblich um mich bemüht? Oder die Therapeuten, bei denen ich immer das Gefühl habe, dass es nur ihr Job ist?

Ach ja, da gibt es noch Mutter und Vater!

Waren sie wirklich für mich da, als ich so dringend jemanden brauchte? Sie würden darauf natürlich mit einem lauten »JA« antworten, aber kann man es fürsorglich nennen, wenn Eltern ihr Kind nur der Gesellschaft anpassen ... wollen, es allerdings innerlich eher verkümmern, allein ... lassen?

Und was ist, wenn sie ihre hohen Ziele dann nicht erreichen, wie in meinem Fall, und das Kind in ihren Augen nur ein gesellschaftlicher Versager ist?

Dann lehnen sie es genau wie jegliche Verantwortung einfach ab, und es ist wieder mal allein ... Also, von meinen Eltern kann ich mir wohl keine Hilfe erhoffen.

Und nun, wieder am Anfang angelangt, ist es mir erneut zur Gewissheit geworden, dass ich allein bin. Allein in mir gefangen!

An das Kind in mir

Miriam, 16

Du spiegelst Dich in mir.
Deine Augen sind so leer.
Deine Stimme so traurig.
Sage mir, wer hat Dich so gemacht, wer?
Haben sie Dir auch so weh getan
wie mir, mein Kind?
Ich weiß es nicht,
vielleicht war ich an allem schuld.
Singe noch einmal,
Singe!
Bitte!
Ich will sie noch einmal hören,
Deine Stimme.
Lasse Deine Traurigkeit in die Gründe
der Meere sinken.
Lasse Dir das Leben von mir schenken.
Ich weiß, es ist schwer.
Man kann es sich weder schenken lassen
noch es verschenken.
Doch es gibt noch einiges zu geben.
Ich will dich nicht verlieren
mein Kind.
Was wäre ich ohne Dich,
stumm, blind?
Bitte bleibe bei mir.
Ich bin noch nicht bereit,
ohne dich weiterzuleben!

Die helfende Hand

Miriam, 16

Nach meinem Klinikaufenthalt wurde mir bewusst, dass ich lebe. Ich habe geglaubt, dass alles besser wird. Meine Mutter hat sich zwar sehr verändert, sie ist jetzt eine gute Freundin, doch ich hatte eigentlich gehofft, dass sich auch das Verhalten meines Vaters und meines Bruders ändern würde. Dies war nicht der Fall. Ich war sehr enttäuscht. Wie konnte ich nur eine derartige Hoffnung haben. Vor allem mein Vater ... Und wenn es so wäre, würde es die Vergangenheit ändern? Würde sich die Wunde in meiner Seele schließen? Und wenn die Wunden heilen, was ist mit den Narben, mit diesen hässlichen, grauenvollen, tiefen Narben. Die gehen niemals weg.

Weißt du, ich habe diesem Menschen vertraut. Und in dem Moment, in dem ich mich umgedreht habe, lag ich plötzlich auf dem Boden im Schlamm. Ich habe versucht aufzustehen, habe mich herumgewälzt. Doch ich habe es aufgegeben. Der Schmerz war zu stark und die Wunden zu tief. So lag ich da, in der Hoffnung auf Hilfe. Es kam keine.

Ich erstickte fast an meinem eigenen Blut, das mir aus dem Rücken schoss. Doch plötzlich sah ich eine kleine Hand in der Ferne. Sie wurde immer größer und kam auf mich zu. Nach lang ersehnter Hilfe endlich die Rettung. Diese kleine Hand hob mich schließlich auf und strich mir über den Rücken. Die Wunden schlossen sich. Es blieben Narben zurück. Oh, diese Narben. Es werden immer mehr an meinem Handgelenk ...

Ich sah keinen Ausweg, kein Licht, das mir etwas Hoffnung gab. Ich war allein, so allein, wie es sich keiner vorstellen kann. So etwas konnte mir in der Klinik nicht passieren, denn da war immer irgendjemand, der mir zuhören konnte, bei dem ich genau wusste, dass er mir helfen will. Dort wusste ich, ich bin nicht allein. Das ist eins der wichtigsten Dinge, die ich jetzt vermisse. Nun muss ich mit meinem Problem ganz allein durch das Leben.

Doch was mich sehr überrascht hat, war, dass mich meine Freunde und Klassenkameraden nicht abgelehnt haben. Im Gegenteil, sie waren viel netter zu mir und haben mich vieles über die Psychiatrie gefragt. Als ich eines Vormittags unangekündigt in die Schule und in den Unterricht gegangen bin, hat sich die ganze Klasse gefreut, sodass mir fast die Tränen gekommen sind. Dies war einer der besten Momente in meinem Leben.

Natürlich lernt man mit der Zeit, die Krisen in den Griff zu bekommen. Es ist nicht leicht, doch man muss schließlich lernen, auf eigenen Beinen zu stehen. Am besten ist es, sich einen Panzer umzulegen. Auch wenn es mich sehr traurig macht, muss ich etwas von meinen Gefühlen auslöschen. Sonst kann ich auf dieser Welt mit diesen Menschen nicht leben. Es macht mich auch sehr traurig, dass ich mit all den Narben sterben muss, dass ich die Vergangenheit immer mit mir herumschleppen muss. Aber trotz allem, ich will leben. Ich danke der Hand, die mich zum Leben erweckt hat.

Vom Überleben zum Leben

Nora, 23

Vor gut dreiundzwanzig Jahren erblickte ich das Licht dieser Erde. Und doch lebte ich danach die meiste Zeit im Dunkeln. War aber überzeugt davon, das sei die Normalität. Ging wie blind durch mein Leben. Dachte, meine einzige Aufgabe bestünde darin, möglichst angepasst und unauffällig zu sein, anderen Menschen, besonders denen in meinem näheren Umfeld, zu gefallen.

Immer versuchte ich die Aufgaben, die an mich herangetragen wurden, zu erfüllen. Doch selten genügte ich den Ansprüchen. Immer gab es Gründe, das kleine Mädchen, das ich damals war, zu bestrafen. Dieses kleine Mädchen lebte ständig in der Angst, wieder etwas falsch gemacht zu haben. Es wollte doch so gerne auch mal gelobt werden. Es sehnte sich danach, lieb gehabt zu werden, und so tat es alles dafür, wenigstens etwas Liebe und Anerkennung zu erhalten. Es konnte nicht erkennen, dass dies in seiner Familie in der Form, wie es sich das kleine Mädchen wünschte, nicht möglich war.

Nachdem etliche Jahre vergangen waren und es immer trauriger und verzweifelter wurde, begann es, von dieser Welt abzuheben, damit die Angst und der Schmerz nicht allzu schlimm wurden. Es schaffte es, dieser Welt, dem Leben und der Wirklichkeit für einen kurzen Zeitraum zu entfliehen. Doch diese »Fluchtversuche« wurden von der Umgebung des kleinen Mädchens eher als störend erlebt. In der Schule störte es den Unterricht und war nach einem gewissen Zeitraum nicht mehr tragbar und wurde schließlich zum ersten Mal aus gesundheitlichen Gründen von der Schule beurlaubt.

Und so landete ich dann zum ersten Mal in der Psychiatrie. War im Grunde froh, von zu Hause weg zu sein. Sah den Aufenthalt in der Klapse als Erholung an.

Zu diesem Zeitpunkt war ich mir nicht im Klaren darüber, dass zu einem erfolgreichen Klinikaufenthalt auch Therapie gehörte. Ich aber konnte und wollte nicht über die Dinge sprechen, die ich erlebt hatte. Und so folgten etliche Psychiatrieaufenthalte, in denen ich mich aber nie wirklich auf Therapie einließ.

Nachdem ich nach einem anderthalbjährigen Aufenthalt in der Kinder- und Jugendpsychiatrie wieder mit meinen Eltern zusammenlebte, kam ich dann aber doch zu dem Entschluss, dass ich nicht ewig und nicht so in meiner Familie leben konnte. Ich zog bei meinen Eltern aus und lebe seitdem in meiner eigenen Wohnung, wobei ich noch Unterstützung von einer Sozialpädagogin habe.

Nach meinem Auszug von zu Hause war ich überzeugt davon, dass nun endgültig das normale, glückliche Leben anfängt. Doch diese Rechnung ging nicht auf.

Wie auch? Hatte ich doch die ganze Zeit versucht, all die Dinge, die passiert waren, wegzuschieben. Hatte versucht, weiterhin zu funktionieren. Durfte, konnte und wollte nicht über meine Erlebnisse reden. Also war ich allein. Folgte immer wieder den alten Mechanismen, zerstörte mich selbst, so wie andere mich zerstört hatten.

Auch in der Schule, die ich nach meinem Auszug aus dem Elternhaus wieder besuchte, war ich wieder mal auffällig, störte mit meinem ungewöhnlichen Verhalten den Unterricht. Und dennoch hatte ich den festen Willen, endlich mein Abi zu schaffen, obwohl ich zu diesem Zeitpunkt schon viel älter als meine Mitschüler war. Doch ich sollte mich wieder einmal getäuscht haben. Ich wollte nicht akzeptieren, dass ich zuerst einmal eine richtige Therapie machen musste, um wirklich leben zu können.

Die mich immer wieder überwältigende Vergangenheit, die nicht vergangen ist und wieder Realität wird, die Schuld, die ich meinen Eltern, vor allem meiner Mutter gegenüber empfinde, der trotz meines Abnabelungsversuches noch massive Druck meiner Eltern, ließen mich in meinem Teufelskreis stecken bleiben. Ich sah keinen Ausweg mehr und wollte dieser Welt nur noch entfliehen. Doch irgendetwas in mir wollte immer noch leben, und so ging ich nie bis zum Letzten, zog immer noch rechtzeitig die Notbremse.

Und so kam ich auch immer wieder in die Psychiatrie. Meistens waren es nur kurze Aufenthalte, nach denen ich dann motiviert, optimistisch und vor allem mit der Gewissheit, es wieder einmal geschafft zu haben, entlassen wurde.

Trotzdem ging jedes Mal etwas schief: Ich brach die Schule ab, ein Praktikum im Kindergarten, das ich mit so viel Hoffnungen begonnen hatte. Durch einen weiteren Psychiatrieaufenthalt konnte ich die Ausbildung zur Erzieherin nicht beginnen.

Langsam, aber sicher merkte ich, dass ich grundsätzliche Entscheidungen für mein weiteres Leben treffen musste. Ich musste mich endlich und wirklich auf eine Therapie einlassen.

Also begann ich mit meiner Therapeutin zu arbeiten. Doch die Angst vor meiner Mutter und die Schuld, die ich meiner Familie gegenüber empfand, machten dies sehr schwer.

So dachte ich nach einiger Zeit, es ginge mir besser, wenn ich keinen Kontakt zu meiner Familie hätte und brach jeglichen Kontakt zu ihr ab. In dieser Zeit habe ich es schließlich geschafft, wenigstens ansatzweise für mich zu leben. Doch meine Schuldgefühle waren durch den Kontaktabbruch keineswegs verschwunden – im Gegenteil: Ich fühlte mich schuldiger als je zuvor.

Die Sehnsucht nach einer, meiner Familie wurde mit der Zeit größer und größer. Je mehr ich mich auf meine Therapie einließ, desto größer wurden auch die Schuldgefühle und die Angst vor Strafe. Nach anderthalbjähriger Funkstille zwischen meiner Familie und mir habe ich nun wieder Kontakt zu ihr – und ich denke, man kann diesen Kontakt als gut bezeichnen. Ich versuche, mich den Erwartungen meiner Eltern nicht völlig auszuliefern, sondern mein eigenes Leben zu leben.

Mein Leben spielt sich zurzeit außerhalb der Psychiatrie ab, worüber ich sehr froh bin. Ich brauche Normalität, muss ein Ziel vor Augen haben. Mein nächstes Ziel ist es, mein Fachabi zu machen, um dann studieren zu können.

Ich versuche allerdings nicht mehr, immer hundertprozentig zu funktionieren. Inzwischen weiß ich nämlich, dass dann all meine Vorhaben zum Scheitern verurteilt sind.

Ich lasse mich mal mehr, mal weniger auf die ambulante Therapie ein und gönne mir zwischendurch auch einmal Pausen zum Durchatmen. Ich versuche nicht zu akzeptieren, dass das Leben nun einmal Höhen und Tiefen hat.

Ich weiß nicht, wie lange es noch dauern wird, bis ich sagen kann, jetzt habe ich endgültig den Absprung geschafft, aber ich habe mich endgültig fürs Leben entschieden. Ich weiß, dass ich es mit Hilfe meiner Therapeutin und meiner Sozialpädagogin eines Tages schaffen werde, vom Überleben zum Leben zu gelangen!

In meiner Rolle gefangen

Schon lange quäle ich mich mit dem Gedanken, mich mit meiner Mutter auseinander zu setzen. Bisher haben wir alle Probleme weggeschwiegen oder weggelächelt. Beide haben wir ein starkes Bedürfnis nach Harmonie, und beide haben wir nicht den Mut, uns einmal richtig auszusprechen, denn das kann ja wehtun und unangenehm werden.

Da ich mit 14 Jahren in eine betreute WG gekommen bin, aus Gründen, die ich damals nicht vollends nachvollziehen konnte, und vorher sechs Jahre bei meiner Mutter gewohnt habe, ist sie für mich die einzige wichtige Bezugsperson.

Meine Mutter hatte ein sehr schweres Leben und ist eine verschlossene, einsame Person. Als ich mit achteinhalb Jahren zu ihr kam, hatte sie große Probleme, sich an mich und die damit verbundene größere Verantwortung zu gewöhnen. Sie war gereizt und ging mir oft aus dem Weg, da sie unter Depressionen litt. Hinzu kam, dass sie nachts arbeitete. Also musste ich schnell lernen, auf eigenen Füßen zu stehen. Ich beschloss für mich, dass ich unter keinen Umständen meiner Mutter mehr als nötig zur Last fallen wollte.

Der Haken an der Sache war nur, dass ich das so gut hinkriegte, dass zwischen mir und meiner Mutter ein Rollentausch stattfand.

Immer, wenn wir zusammen waren (was nicht allzu oft der Fall war), spielte ich für sie das glücklichste Kind der Welt. Wir waren nicht mehr länger Mutter und Kind, wir waren Freundinnen. Sie konnte mir alles erzählen, von ihren Problemen, ihrer Vergangenheit und ihren Depressionen, immer hatte ich ein offenes Ohr für sie. Doch wenn es mir mal schlecht ging oder ein Gefühl der Überforderung in mir aufkeimte, so war sie die letzte, die ich damit belasten wollte und konnte. Ich hatte mich so gut in diese Rolle eingefügt, dass ich selbst nicht mal realisieren konnte, dass dies nicht das richtige Verhältnis zwischen

Mutter und Tochter war. Ich hatte den Blick für mein eigenes Innenleben total verloren.

Mein Leben war weiß Gott nicht langweilig, und es waren nicht immer schöne Erlebnisse, die mein Leben bestimmten. Die musste ich erst einmal verarbeiten. Doch anstatt mich damit auseinander zu setzen, fraß ich alles in mich hinein. Ich wurde eine Meisterin im Verdrängen.

Das Theaterspiel und das unbewusste Wegschieben meiner eigenen Probleme kostete mich wahnsinnige Kraft, und ich hielt es nur deshalb so lange durch, weil ich mich ausschließlich auf die Probleme anderer Leute, speziell auf die meiner Mutter konzentrierte.

Was mich am meisten ärgert, ist, dass ich mit meiner Mutter auch heute noch nicht offen über unsere Beziehung reden kann. Ich habe Angst, sie zu verletzen. Doch wissen wir beide, dass es notwendig wäre. Aber wer macht den Anfang? Ich bin trotz der gewonnenen Distanz immer noch in meiner Rolle gefangen.

HEIMWEH – EIN BRIEFBUCH

INGRID UND JULIA UEBERMUTH

Liebe Mama!

Lass uns doch wieder ein Briefbuch beginnen! Das ist mir gerade eingefallen. Ich habe Heimweh. Ich möchte nicht in Düsseldorf leben, sondern bei euch. Ich liebe euch doch so sehr. Ja???
    Deine Julia

7. April 1997

Liebe Julia,

das ist eine gute Idee mit dem Briefbuch, aber ich kann doch im Moment nur mit der linken Hand schreiben, und das bereitet mir große Mühe.
Herzlichst ❤ Deine Mama

Liebe Mama!

Mach dir keine Sorgen und rege dich nicht über deinen Chef und die W. auf. Du darfst dich nicht von anderen verrückt machen lassen. Hier und in dem letzten Jahr habe ich das gelernt. Der eine sagt dies, der andere das, und wenn es etwas Schlimmes ist, will das Gegenüber meistens nur seinen Frust oder Neid an einem auslassen. Du darfst dich nicht von anderen abhängig machen. Sei doch einfach mal egoistisch und denke: Ich pfeif drauf, was andere wollen oder von mir denken, ich mach mein Ding! Hat sich schon jemand auf die Anzeige gemeldet?

Auch mit Mausi, das ist so eine Sache. Wenn du sagst, du schaffst das nicht mit dem Pferd und willst es zu Karsten geben, dann akzeptiere ich das. Du musst dir nur klar und sicher sein. Ich muss das auch. Wenn ich hier mal bei einer Entscheidung schwanke, dann wird das gleich als Schwäche oder Rückschritt gesehen. Du musst klar sagen, was du willst und was du erwartest, und darfst dich nicht weich klopfen lassen. Natürlich musst du ab und zu auch mal was schlucken und einstecken, aber du musst es akzeptieren und hoffen, dass du beim nächsten Mal mehr Glück hast. Du musst dich durchsetzen können und dir Respekt verschaffen, dadurch, dass du das auch tust, was du sagst. Ich habe das ja immer schon getan, was natürlich auch nicht immer gut war. Oft habe ich auch zu sehr auf mein Gefühl gehört. Vielleicht war es gut so. Es ist die Hauptsache, dass du dich gut fühlst, auch wenn alle anderen sagen, dass das, was du tust, nicht gut ist. Wenn du dich dabei gut fühlst, ist es auch gut. Vertrau auf dich!

Na ja, *die* hier machen auch oft Stress. Aber wenn sie meckern, dann füge ich mich manchmal, denn mit Zurückmeckern erreichst du sowieso nichts. Dieses hier ist sowieso nicht das beste Therapieangebot, aber man kann sich nur selber helfen. Das ist auch ein Grund, warum ich den Alten nicht anzeige, weil er sowieso nicht bestraft würde und weil dann sein Triumph noch größer wäre, weil er damit vor dem Staat unschuldig dastünde und weil es nur viel Kraft und Energie kosten würde, die er gar nicht wert ist. Es wäre Stress für uns alle. Mama, ich liebe dich mehr als alles andere auf der Welt und wäre über-, überglücklich, wenn ich wieder bei dir leben könnte. *Die* machen es einem hier manchmal wirklich schwer. Ich glaube, ich komme hier nie raus, da kann ich machen, was ich will, und sagen, was ich will. Oft möchte ich einfach abhauen, nach Amerika oder so. Doch dazu brauche ich erst einen Perso und ein Visum. Ich will doch endlich wieder Urlaub machen. Das konnte ich seit zwei Jahren nicht mehr. Ich will einfach wieder so wie früher leben. Am besten, du verkaufst das Haus. Es sind fast nur Unglücke dort geschehen. Außerdem ist es sowieso kaputt. Du würdest ja früher oder später sowieso nach Bassum ziehen. Ich kann die Mentalität der Düsseldorfer auch nicht leiden. Düsseldorf ist und wird nie meine Heimatstadt sein, da könnte es schon eher München oder Bremen sein. Das sind Städte, in denen ich mich wohl fühle. Du musst jedoch akzeptieren lernen, dass es mir wieder richtig gut geht. Ich fühle mich auch gut. Ich glaube, dass ich nie, nie wieder so stark abnehmen werde. Ich muss wieder unter »normale« Leute. Die hier machen oft alles für uns kompliziert, werfen uns Steine in den Weg, für sie wird dadurch vieles leichter. Aber wenn's mir wirklich zu viel wird, dann mach' ich echt die Kurve. Ob ich jetzt in Düsseldorf allein oder in New York alleine lebe, egal. Hauptsache, ich bin frei!

Free like a bird!

Deine Tochter

(...)

Liebe Mama!

Bitte entschuldige, dass ich abgehauen bin, aber ich konnte nicht anders. Ich meine, es funktioniert nicht, unter Druck zuzunehmen. Wenn ich entlassen bin, habe ich auch keinen Druck, und da muss ich mein Gewicht aus eigener Kraft halten. Die machen mir sowieso viel zu viel am Gewicht fest, und keiner ist ansprechbar. Ich halte es hier einfach nicht mehr aus. Ich will ja nicht abhauen, aber hier zu sein, halte ich auch nicht mehr aus. Aber bitte, sei mir nicht böse. Aber ich muss mir selber helfen. Ich meine, falls wir uns sehen sollten, bitte bring mich nicht zurück. Ich würde mich gerne mit dir treffen.
   Deine Tochter

20. April 1997

Meine liebe Julia!

Deine Zeilen zeugen von so viel Stärke wie nie zuvor. Ich bin überzeugt, du schaffst es mit Hilfe der Leute hier, nur noch für kurze Zeit. Du brauchst im Moment noch Hilfe. (...)

Liebe Mami!

Diese Art von »Hilfe« brauche ich bestimmt nicht mehr. Diese durchgerasselten Arschlöcher hier können mich mal! Ich hasse diese Bruchbude, ich halte es hier nicht mehr aus! Die helfen mir nicht! Die werfen mir nur Steine in den Weg. Das sind Leute hier, die nur ihre Macht ausspielen wollen. Die nehmen die Patienten und ihre Angehörigen doch nicht für voll. Wir sind doch nur die Kranken. Und alles wird am Gewicht festgemacht. Echt schlimm! Die unterdrücken doch nur Symptome oder bekämpfen nur Symptome, anstatt an den Ursachen zu arbeiten. Das bringt doch hier nichts! Ich halte es nicht mehr aus. Ich hasse das alles hier. Ich lasse mich nicht mehr manipulieren und schikanieren. Die können mich mal, ich bin keine fünf Jahre mehr!

(...)

1. Mai 1997

Liebe Mama!

Gerade habe ich mit dir telefoniert! Ich halte es nicht mehr aus! Vor genau einem Jahr war ich schon in Bremen! Und seitdem bin ich nicht mehr einigermaßen gesund aus der Klinik gekommen (außer an den Wochenenden). Ich fühle mich echt gut im Moment in Bezug auf das Essen und Gewicht, aber seit ich an den Wochenenden wieder hier bin, wird es wieder schlimmer. Immer, wenn ich an den Wochenenden hier bin und nichts los ist, beschäftige ich mich den ganzen Tag mit dem Essen. Schaufele Nutella in mich hinein, habe dann wieder ein schlechtes Gewissen, zu viel Süßkram gegessen zu haben und esse dann nicht vernünftig zu Mittag oder Abendbrot. Auch heute mit dem Weggehen. Wenn man Anorexie hat, dann gönnt man sich nichts Gutes, man kapselt sich ab und bestraft sich selbst und quält sich. Von so etwas bin ich lange weg, will mir Gutes tun. Mich bei schönem Wetter mit guten Freunden an die Rheinpromenade setzen. Den schönen Tag genießen. Stattdessen hocke ich hier in dieser düsteren Bude (...).
Weißt du, ich will einfach mal wieder ein Abenteuer, und ich muss einfach mal wieder das Meer sehen. Aber hier kann ich nicht bleiben. Ich halt es so eingesperrt und unterdrückt nicht mehr aus. Ich will beweisen, dass ich gut klarkomme! Ich will einfach wieder mit euch zusammenleben! Verkauf das Haus doch, und dann fangen wir noch mal neu an!
Julia

Meine liebe Julia,

eben habe ich den Artikel in der Zeitung gelesen, es hat mich sehr beeindruckt. Glaube mir, weglaufen ist keine Lösung! Ich denke, du solltest die dir angebotenen Hilfen annehmen, keiner will dir Böses, auch wenn es manchmal so scheint. Du bist so stark und hilfst anderen Menschen. Ich bin sicher, das wird dir hoch angerechnet. Auch, wenn du bei dem schönen Wetter drin sein musst. Es gibt noch viele schöne Tage. Vielleicht können wir zum Muttertag nach Bassum fahren.
1000 Küsse
Deine Mama

Liebe Mama!

Ich halt es echt nicht aus! Man schlägt mir vor, dass ich mich verlegen lassen soll! Echt, ich kann nicht mehr! Ich will doch nicht von Psychiater zu Psychiater jetten! Ich will nur noch frei sein! Aber wenn die mich wirklich hier rausschmeißen wollen, dann geh ich wieder nach Bremen! Dann komme ich vielleicht auch wieder nach Hause! Aber ich will richtig entlassen werden! Ich bin mir sicher, dass ich mein Gewicht halten kann! Aber wenn ich bleibe, dreh ich durch!
Julia

Liebe Mama!

Ich halte es nicht mehr aus, echt, und du bist auch blöd, ruf hier nicht mehr dauernd an und gib deine therapeutischen Weisheiten zum Besten. Ihr könnt mich alle mal, wenn ich so scheiße bin.

(...)

Ich will nur noch nach Hause. Ich hab solches Heimweh. Gestern, als du gegangen bist, hatte ich gehofft, dass du wieder-
kommst, weil ich dir ja nicht nachlaufen konnte. Du musst das
doch verstehen, dass ich sauer bin. Es ist alles so wie früher.
Du fragst mich was, ich sage »nein«, und du tust es trotzdem.
Wozu fragst du mich dann. Du nimmst mich doch nicht für voll.
Keiner tut das. Außerdem habe ich dir schon tausendmal gesagt, dass du keinen Kuchen, Tiramisu etc., mitbringen sollst,
weil die das sowieso wegwerfen. Jedes Mal, wenn es klingelt,
hoffe ich, dass du es bist. Ich habe solches Heimweh, ich will
nach Hause, ich will nur noch nach Hause. Aber du willst mich
ja nicht. Keiner will mich. Die hier wollen mich nicht mehr. Die
Frau T. will mich noch nicht betreuen. Du willst mich auch
nicht. Der in Bremen will mich scheinbar nicht. Alle sagen, dass
ich nur Scheiße rede und dass ich Scheiße bin. Ich bin an allem
schuld. Ich bin daran schuld, dass deine Hand kaputt ist, weil
mir ja das Pferd gehört. Ich bin schuld, dass du so Herz-
schmerzen hast, weil ich nur Stress mache. Manchmal habe ich
das Gefühl, du bist die einzige, die mich versteht, dann wieder,
dass du die einzige bist, die mich nicht versteht. Ich will nicht
in die Wohnung, aber ich will erst recht nicht hierbleiben. Gerade habe ich mich fast selbst verletzt. Doch es war nichts Besonderes. Ich halte dieses Gefängnis nicht aus, ich brauche Freiheit, wenigstens ein bisschen, sonst gehe ich kaputt. Ich brauche
sie wie die Luft zum Atmen. Vieles, was ich tue, tut mir im
nächsten Moment schon wieder Leid, aber ich kann dann nicht
anders. Ich habe mir so sehr gewünscht, dass du zurückkommst.
Ich liebe dich so sehr. Ich kann einfach nicht mehr. Vor allen
Dingen kann ich nicht hierbleiben, weil ich hier drin noch mehr
durchdrehe. Wenn die mich morgen nicht entlassen, dann bin
ich weg. Ich lasse mich nicht mehr unterdrücken, ich unterdrü-
cke neue Gefühle auch nicht mehr und ich lasse mir nichts mehr
aufzwingen. Ich will nur wieder heim. Ich vermisse das alles so!
Ich kann nichts mehr, die haben mir alles zerstört. Seit ich den
Vormund habe, ist alles noch schlimmer. Da wäre ich wirklich

lieber gestorben, anstatt meine ganze Jugend in der Psychiatrie zu verbringen. Und kurz vor der Buslinie zu stehen, keine Aussicht aufs Abi zu haben, keine Freunde in der Umgebung außer psychisch Kranke. Ich müsste mit jemandem reden, aber niemand ist da.

7. Mai 1997

Liebe Mama!

Morgen kannst du mich wahrscheinlich abholen. Ich freue mich schon. Vielleicht komme ich dann am Freitag schon wieder. Aber vielleicht kriegt der Herr S. den Beschluss ja nicht durch. Und wenn doch, dann haue ich ab. Und wenn er sich erweichen lässt, dass ich zu Hause bleibe, dann schaffen wir's bestimmt. Wir können ja einen Essensplan machen, da musst du dann aber genau drauf achten und mir helfen, wenn du kannst. Dann räumen wir gemeinsam die Bude auf und schauen uns nach einer Wohnung um. Ich will nicht bis zu den Sommerferien hier bleiben. Dann war ich ja ein Jahr hier.

Wir könnten wieder tanzen ... im Garten frühstücken ... auf Trödelmärkten verkaufen ... mal wieder nach Holland fahren ... gemeinsam Ferien machen ... mit Mausi reiten, spazieren usw. Ich will nur noch heim.

14. Mai 1997

Liebe Julia,

eben komme ich vom Gericht zurück. Deinen Vater interessiert wirklich nichts mehr als Geld. Kein Wort hat er im Saal gesprochen. Mal sehen, wie alles weitergeht. Cord ist seit gestern Abend wieder da. Wir hatten noch gar keine Zeit zu reden. Ich hoffe nur, du packst alles. Gleich sehen wir uns ja, Gerd will mitkommen. Ich muss noch zu B. zum Kopieren. Bis gleich.

Deine Mama

Liebe Mama!

Wir hatten ja vorhin das Hilfeplangespräch. Ich bin so wahnsinnig glücklich, dass diese Klinik-Episode endlich ein Ende hat. Wenn ich an Judith denke, dann sehe ich, wie gut wir eigentlich inzwischen klarkommen. Bei Judith und ihrer Mutter ist es im Moment so wie bei uns letztes Jahr. Ich konnte ihr echt Tipps geben. Die Mutter sagt zum Beispiel zu ihr: »Wenn du weiter so viel isst, kann man dich bald rollen.« Da hab ich Judith gesagt, sie soll sich abgrenzen, und es kann ihr doch egal sein, was ihre Mutter sagt. Und wenn es sie zu sehr nervt, sollte sie einfach gehen (...). Ich glaube, wenn ich mir Mühe gebe und du dir Mühe gibst und Frau T. und Frau P. uns helfen, können wir es schaffen. Der Alte hat mir noch nicht zurückgeschrieben. Ich will ihn nicht anzeigen, weil er sowieso nicht verurteilt wird und sowieso nur seine Unschuld beweisen würde. Außerdem haben wir genug Stress.

Oh, Mama, ich bin echt froh! Ich freue mich schon total auf Pfingsten, endlich wieder zu Oma und Opa! Und die Wohnung einrichten! Wir könnten ein Sofa bei Ikea kaufen! Dann brauche ich Regale, Haken und ..., ach, es wird toll werden! Einen Schrank brauche ich auch noch! Aber es gibt ja auch Sperrmüll. Und bei Oma und Opa können wir auch noch mal schauen. Dann die Sommerferien! Endlich kann ich mal wieder Urlaub machen. Wir beide könnten ja auch wegfahren, nach Sylt?! Oder Frankreich?! Dann könnte ich noch mal bei dem Sender anrufen wegen des Jobs. Oder hinfahren. Es gibt so viel zu tun! Picknicken/Grillen am Rhein, Inline-Skaten, Schwimmen/Surfen am Unterbacher See, in Discos gehen, in Altstadt-Cafés gehen, im Eiscafé arbeiten, Feten feiern, Wohnung einweihen/einrichten, Jungs kennen lernen, ins Kino gehen, Sommerferien machen, ach, es gibt tausend Dinge, die ich in den letzten anderthalb bis zwei Jahren verpasst habe. Die muss ich alle nachholen. Die C. meinte gerade: »Schade, dass du schon gehst!« Da meinte ich: »Ich will nicht zum Inventar gehören. Alles hat ein Ende, nur die Wurst hat zwei. Ich bin keine Wurst, höchstens ein Rippchen!« Da mussten wir beide lachen. Man muss vieles mit Humor nehmen.

❤ Deine Julia

15. Mai 1997

Meine liebe Julia,

ich bin so stolz auf dich, du hast alles alleine geschafft, ohne mein Zutun. Du hast das Formular von der Schule bekommen. Du bestimmst deine Zukunft. Du bist erwachsener als deine Brüder Martin und Cord zusammen. Viele Menschen haben dir geholfen. Du wolltest es oft nicht zulassen. Endlich hast du eingesehen, und ich glaube schon lange, dass du allein deine Zukunft steuern kannst, natürlich mit Hilfen.

Mich hat es dazu angeregt, dem lieben Gott oder wem auch immer zu danken, dass ich auf dieser schönen Erde bin, den blauen Himmel sehen darf, die weißen Wolken segeln sehen kann, den Wind in meinen Haaren spüren darf, den Regen auf meiner Haut fühle. Ich bin glücklich, dass ich lebe, dass du deinen Weg finden wirst, egal welche Widrigkeiten dir manchmal begegnen werden.

(...)

20. Mai 1997

Meine liebe, große, schöne Tochter Julia,

zu deinem heutigen Einzug wünsche ich dir das Allerbeste. Als ihr heute Morgen gefahren seid, war es mir doch schon etwas komisch ums Herz. Aber ich habe keine Angst mehr um dich, du wirst dein Leben schon meistern. Ich denke, du bist über den Berg. Die letzten zweieinhalb Jahre waren für dich ganz besonders und für den Rest der Familie eine große Prüfung, und wer weiß, wozu das alles gut war, für dich und für uns alle. So schlimm es auch war, und es war mehr als schlimm, du hast gemerkt, und wir alle, Gott hat ein besonderes Auge auf dich und beschützt dich. Didi sagte mir neulich, wem Gott solche Prüfungen auferlegt, den hat er besonders lieb. In diesem Sinne wünsche ich dir eine gute Nacht und fahre ins Chaos zurück.

Deine dich über alles liebende Mutter

Liebe Mama!

Ich bin heute super gut gelaunt auf dem Weg nach Langenfeld. Die ganze Woche ist super gelaufen. Dienstag war ich mit dir weg. Mittwoch war ich in der Stadt und bei K. – und gestern auf der Lesung. Mir war nie langweilig, ich habe mich nie einsam gefühlt, und mit dem Essen ist es auch super (besser als in der Klinik) gelaufen. Alle finden mich nett, alle wollen mich sehen und mit mir befreundet sein. Mein Terminer ist randvoll. Dann komme ich hierher, du fragst mich als Erstes: »Was macht dein Gewicht?« Statt zu fragen, wie die Woche, wie das Interview usw. war. Du siehst immer nur die flachen Seiten, der Rest interessiert dich gar nicht, hab ich manchmal das Gefühl. Auch in der Zeit, als ich abgenommen und gespuckt habe, hast du immer gesagt, dann iss doch verdammt noch mal. Aber ich konnte nicht, und wenn ich mal etwas gegessen habe, dann hieß es gleich wieder: »Das ist doch nichts Vernünftiges (nur weil es nicht dein Geschmack war oder etwas Neues, Exotisches), so ein Fraß, viel zu teuer. Wie teuer die Lebensmittel sind, die zu Hause von dir gekauft werden und vergammeln, Woche für Woche, Tag für Tag, das ist dir egal (...).

Du musst wissen, dass mir vieles so rausrutscht, was ich gar nicht sagen will, aber so bin ich nun mal. Du musst einsehen, dass auch du dich nicht immer richtig verhältst. Ich bin nicht mehr sechs Jahre alt, und auch wenn du manchmal hinter mir herläufst, so musst du mich meine eigenen Sachen selber machen lassen, auch wenn du glaubst, dass es Fehler sind. Denn die muss ich ja auch machen.

Liebe Julia,

seit 20.15 Uhr bin ich in Bassum. Morgen fahre ich ja mit Oma zur Familientherapie. Oma ist etwas unsicher, ist ja klar, sie hat letzte Nacht bis 2.00 Uhr nicht geschlafen. Jetzt wollte sie morgen gleich nach dem Termin mit mir bzw. Cord nach Bassum zurückfahren, aber sie möchte sich eine Nacht ausruhen. In Wirklichkeit will sie mir das Hin- und Zurückfahren an einem Tag nicht zumuten. So sind nun mal Mütter!!! Ich hoffe, du erlaubst Oma, in deinem Bett in Langenfeld zu schlafen. Na, wir werden schon eine Möglichkeit in dem Chaos finden. Dein Telefon ist wohl heute noch nicht angeschlossen, oder du warst bei dem schönen Wetter auf »Jück«. Hier in Bassum ist es feucht und kühl, ich habe die falschen Klamotten mit, na ja, gleich gehe ich ins Bett, da ist es kuschelig und warm unter Omas »Sargdeckel«. Tschüss bis morgen um drei.

Deine dich immer liebende Mutter

30. Mai 1997

Liebe Mama!

Ich bin jetzt auf dem Weg zur Schule. Am liebsten hätte ich heute weitergeschlafen, aber heute ist erst Freitag. Gestern war ich zu Hause. Die Familientherapie fand ich ganz gut. Aber dass ich wegen der Probleme mit dem Haus abgenommen habe, ist auch totaler Quatsch! Am Montag hatte ich schon ca. ein Kilogramm zugenommen. Na ja, gleich gehe ich ja wieder zum Heubach. Vorher habe ich noch ein Schulgespräch. Ich weiß echt nicht, ob ich noch auf das Gymnasium gehen sollte! Vielleicht wäre Realschule wirklich besser. Oder Gesamt?! Am allerliebsten würde ich wirklich für ein Jahr nach Amerika. Ich glaube, dass das sehr nützlich wäre – oder zurück zu euch. Meine Meinung zu dem Haus: Meinetwegen verkaufe den Schrottkasten, mir bedeutet er nichts, nur die Leute, die darin leben! Das Haus da in der Nähe von Bassum fand ich viel, viel besser. So richtig schön. Außerdem glaube ich, dass es später (oder auch jetzt), mehr wert ist als das hier in Langenfeld. Außerdem wolltest du früher oder später sowieso nach Norddeutschland ziehen. Deine »Freunde« verlierst du ja nicht. Na ja, du musst im Endeffekt die Entscheidung alleine treffen. Tu, was dir am meisten gefällt. Ich sage nur, seit wir den Rosenweg haben, war viel Unglück in unserer Familie. Mama, ich liebe dich mehr als alles, auch wenn ich mich manchmal nicht so benehme, aber ich glaube, dir geht es genauso. Du kennst mich wirklich (...).

So, gerade war ich beim Heubach! Der ist wirklich gut! Ich habe ihm mal so querbeet alles vorgelabert. Der meint auch, Kollegschule wäre nicht schlecht. Ich hab mich sofort abgeregt. Dann meinte er so, ob ich einen Spitznamen hätte und wie ihr mich nennen würdet und ob er mich auch mit einem Spitznamen anreden sollte. Dann hat er gefragt, ob ich mich älter oder jünger fühle, als ich bin. Außerdem wollte er wissen, auf wie viel Kilogramm ich so kommen möchte. Ich sagte, dass 49 kg mein Traumgewicht sei. Das fand er auch gut. Aber er meinte, wenn ich unter 44 komme, will er mich nicht weiterbehandeln. Aber egal! Ich habe schon wieder etwas zugenommen, gut nicht?! Seiner Meinung nach habe ich nicht nur Essprobleme.

Deine Julia

5. Juni 1997

Meine liebste Julia,

ich freue mich so für dich, dass du nun endgültig entlassen bist und dass du nun dein Leben selbst in die Hand nimmst. Ich habe eine Flasche gekühlten Sekt gekauft, den wir dann mit Norbert auf dein Wohl geleert haben. Jetzt komme ich gleich. Am liebsten wäre ich gestern Abend noch gekommen, aber es war ja anders abgesprochen. So werde ich mich bemühen und mich an Absprachen halten. Für heute Abend haben sie Gewitter angesagt. Na, es wird wohl nicht so schlimm werden. Cord läuft mit schlechter Laune-Miene durch die Gegend und jammert wegen der Hitze. Ich freue mich auf gleich und küsse dich tausendmal.

Deine Mutter

(...)

Mama!

Du hast echt nichts dazugelernt! In der Familientherapie hast du gesagt, dass du mich in Ruhe lassen willst! Und heute komme ich nach Hause, und was steht vor meiner Tür: ein riesiger Sack Lebensmittel!! Glaubst du denn, ich bin nicht in der Lage, alleine einzukaufen? Dann rufst du mich um 2.30 Uhr nachts an, machst mir Vorwürfe und schreibst mir dann einen Brief, als ob nichts gewesen wäre, anstatt aufzuschreiben, was dich bedrückt und stört. Das war gestern keine dumme Störung, das hatte ja schon einen Grund, nur dass du dich nie über solche Dinge unterhalten kannst oder willst. Ich finde das schade, wenn du bei der kleinsten Kritik immer gleich anfängst zu schreien oder ablenkst auf ein anders Thema oder beleidigt rausrennst. So wie ich das sehe, lässt du deine Gefühle gar nicht oder sehr, sehr, sehr heftig, verwirrend und ad hoc heraus, sodass man darüber nicht sprechen kann, ja, sie nicht verstehen kann. Das tut mir Leid, für dich.

Ich habe in den letzten Tagen das auch bei mir bemerkt, dass ich früher meine Stimmungen und Gefühle nicht herausgelassen, ausgelebt bzw. akzeptiert habe. Wenn ich das jetzt tue, tut es mir oft Leid, besonders dir gegenüber, weil ich glaube, dass du noch oft von mir erwartest, dass ich das liebe, angepasste Mädchen bin, das auch seine Traurigkeit nicht wahrnimmt. Ich habe das Gefühl, dass du mich in solchen Momenten überhaupt nicht verstehst. Vieles hat mich früher wohl gestört, und ich habe es dir gegenüber nie ausgesprochen. Ich glaube, wir konnten es nicht. Denn Gefühle zu akzeptieren heißt, sie auszuleben und zu verarbeiten. Ich glaube auch, dass dich vieles oft stört, doch du sagst es nicht, und irgendwann hat sich dann so viel angestaut, dass es zum Ausbruch kommt, einer Überreaktion, die ich dann wieder nicht verstehe und wo ich mich dann frage, was hast du falsch gemacht, dass Mama jetzt so am Ende ist.

Ich liebe dich wirklich über alles, und genauso kann ich dich hassen. Manchmal grundlos, wie mir selber scheint. Und im Endeffekt mache ich mir dann riesige Vorwürfe, dass ich es wieder so weit habe kommen lassen. Andererseits denke ich, dass es einen guten Grund dafür gab, sauer zu sein, und dass sich das im Dialog dann noch gesteigert hat. Nur weil ich Kritik geäußert habe. Ich bin dann so im Zwiespalt der Gefühle, dass ich mich nicht mehr erkenne. Ich bin dann unfähig zu handeln, unfähig nachzugeben oder weiter zu kämpfen. Ich fühle mich dumm und leer und habe das Gefühl, versagt zu haben, es wieder einmal nicht geschafft zu haben, mich zu beherrschen. Manchmal hasse ich mich dann selbst dafür.

Julia

11. Juni 1997

Hallo Julia,

ich danke für deine verständnisvollen Zeilen. Cord sagte, das Leben ist so einfach, man muss es nur zulassen. Denkst du, ich mache Späßchen, ich habe die Abführpillen wirklich nicht gesucht. Gestern Abend hat Cord zusammengepatschte Lebensmittel im Kühlschrank gefunden. Man muss mit der Wahrheit leben lernen, sonst läuft gar nichts. Ich freue mich, dass du mit deiner Betreuerin so gut klarkommst. Andere Menschen kann man manchmal besser akzeptieren als die nächsten Verwandten, weil da mehr Abstand ist. Ich liebe dich wirklich über alles, aber manchmal macht man es sich eben leider zu schwer. Du musst noch lernen, alles etwas positiver zu sehen. Und wenn man etwas mehr auf den Rippchen hat, geht das auch viel leichter. Als Martin und Cord noch klein waren und ich Kleidergröße

36 hatte, bin ich dauernd ausgerastet und habe rumgeschrien, weil der Alex mich dauernd fertig gemacht hat. Ich bin in dem festen Glauben, dass du es mit fremder Hilfe besser schaffst, das willst du ja auch (...). Ich wünsche dir noch eine schöne Woche und bin in Gedanken bei dir.

Deine Mutter

16. Juni 1997, 22.00 Uhr

Meine liebe Julia,

es ist fast dunkel, und ich kann vor lauter Tränen das Papier nicht mehr sehen. Eben ist die Sonne in einem roten Ball untergegangen. Ich habe keine Lust mehr, im Chaos zu verweilen und der Mülleimer für all eure Querelen zu sein. Ich für mich muss feststellen, dass du in der letzten Woche viele Fortschritte gemacht hast. Du hast zwar die frisch gebügelten und gewaschenen Klamotten auf die Terrasse geschmissen, aber es ist gut so, wenn du deine Aggressionen gegen Gegenstände auslässt und nicht gegen dich selbst. Entschuldige bitte diese Schrift, aber es ist schon sehr dunkel, und meine Augen tun mir weh. Ich bin froh, dass du ein starkes, wenn auch kompliziertes Mädel bzw. junge Frau bist. Ich danke dem Herrgott, so es ihn gibt, dass ich dir dein herrliches Leben schenken durfte.

Mach was daraus!

Deine dich über alles liebende Mutter

Liebe Mama!

Ich sitze jetzt gerade in der S-Bahn. Endlich Ferien, meinen Abschluss habe ich. Na ja, das Zeugnis hätte gerechter sein können.

(...)

24. Juni 1997

Meine liebe Julia,

das Wochenende war ja schon etwas stressig. Dafür war gestern ein so wunderschöner Tag, ich sehe da eine Menge Perspektiven für dich. Cord ist vorhin vom Prof. Dr. Kriegelstein zurückgekommen und hat gesagt, er hätte ihm von dir erzählt und wie es mit dir weiter bergauf geht! Was doch erstaunlich ist, wenn Cord sich so positiv über dich äußert. Ich habe heute den ganzen Tag für die Steuer gearbeitet und bin bis Anfang Juni gekommen. Da waren im Kalender die Daten deines Krankenhausaufenthaltes 1995. Da kommen schon Erinnerungen hoch!

Ich freue mich, dass es mit dir bergauf geht. Ich bin immer in Gedanken bei dir. Jetzt gehe ich ins Bett.

Tausend gute Nachtwünsche von Deiner Mutter

1. Juli 1997

Liebe Mama!

Ich sitze jetzt gerade in der S-Bahn auf dem Weg zur Versteigerung. Meine Meinung zu dem Thema Haus kennst du ja. Ich denke, es hat dir immer Sorgen gemacht, und wenn es jetzt verkauft wird, hast du eine Sorge weniger. Auf den Vorschlag vom Alten hättest du ja dann auch schon vor zwei Jahren eingehen können. Du musst doch früher oder später sowieso zu Oma und Opa. Und Martin und Cord haben bei der Familientherapie auch schon gesagt, dass es *deine*, allein *deine* Entscheidung ist. Und ich weiß, dass du dich schwer tust, wenn man das von dir verlangt (denk an die Videofilme!). Du denkst immer, das wünsche ich mir, aber das ist gut für die anderen oder ist in ihrem Sinne. Aber denk mal an dich, nur ein einziges Mal! Wie deine Entscheidung auch ausfallen mag, ich denke, wir alle werden sie akzeptieren. Das ist wirklich keine einfache Situation für dich, aber ich denke, es ist eine Art Prüfung. Wenn du diesen ersten Schritt schon mal schaffst, ist der Anfang gemacht.

Du musst mal mehr auf dich, deine innere Stimme, dein Gefühl und deine Bevorzugung hören, darfst dich nicht so beeinflussen lassen und dich nicht für alles verantwortlich machen und fühlen. Du kannst jedem nur bedingt helfen und ihn unterstützen, du musst jetzt aber erst mal sehen, dass du dir selbst hilfst. Denn erst dann kannst du auch wieder andere unterstützen.

O. k., ich mache jetzt Schluss.

Deine Julia

Tu das, was *du* für *dich* allein für richtig hältst.

2. Juli 1997, 1.00 Uhr

Meine liebe Julia,

eben habe ich noch eine kleine Runde mit Laura gemacht, und ich habe festgestellt: Laura kann überhaupt immer und überall hin mitgenommen werden. Im Augenblick habe ich den schönen Mond zwischen den Wolken gesehen. Ich möchte dir sagen, ich bin so froh, dass du heute bzw. gestern bei der Hausversteigerung dabei warst. Kein Mensch hat mich so ermutigt, zu tun, was ich möchte, wie du!

Ich bin froh, in Zukunft von meinem Bett aus in die schönen grünen Bäume sehen zu können oder im Winter, wenn das Laub abgefallen ist, die Sterne zu sehen.

Gute Nacht, mein Herz!

Deine Mutter

EINE BESONDERE FREUNDSCHAFT

Merkst du was? Indem es schmerzte,
fing ich auch wieder an, etwas zu spüren.
Ganz langsam kamen wieder Gefühle auf.
Zuerst öffnete ich nur eine ganz kleine Luke
meiner dicken Ritterrüstung, und als ich merkte,
dass es meiner Umwelt so auch möglich war,
mir Vertrauen entgegenzubringen,
legte ich nach und nach einen Teil nach dem anderen ab.
Kannst du dir vorstellen, wie schön und liebenswert
ich mich plötzlich ohne diese hässliche
graue Ritterrüstung fand?

KLAPSEN-FREUNDSCHAFT

LUNA, 15

Liebe Cathline!

Ganz am Anfang, oh man, ich hatte so tierisch viel Schiss vor dir. Als ich dich das erste Mal sah, musste ich mir direkt einen deiner Sprüche anhören: »Menschen wie dich könnte ich erschlagen.« Ich habe dich also, soweit es ging, in Ruhe gelassen, bis ich zu dir aufs Zimmer kam. Abstand war also nicht möglich, und dementsprechend hast du mich dann auch behandelt. Das war nicht lieb von dir. Egal, was du zu mir gesagt hast, ich kam mir ausgezogen, nackt und vor einen Spiegel gestellt vor.

Diese Seite an dir habe ich aber auch bewundert. Es war ziemlich einzigartig.

Ich war froh, als ich dann zu J. aufs Zimmer kam. So hast du mich wenigstens nicht von morgens bis abends getreten und gerädert.

Ja, und dann wurde ich entlassen.

Was in der Zeit bei dir passierte, weiß ich nicht. Bei mir war's total krankhaft. Ich bin reifer geworden und war mit Leuten zusammen, die eigentlich nicht existieren dürften. Damals dachte ich anders. Dann wurde es immer trostloser, trüber, und ich bin das zweite Mal in die Klapse gekommen. Das war die Zeit, in der ich nur Schwarz getragen habe, weißt du noch? Wir sind ein paar Mal zusammen einkaufen gewesen oder haben gekocht, aber es war keine Freundschaft.

Dann kam »Reif für die Klapse« heraus. Ich wusste gar nicht, dass du mitgeschrieben hast. Also habe ich deinen Text gelesen, ohne mir irgendwelche Gedanken zu machen. Zeile für Zeile wurden meine Augen größer und mein Unterkiefer hat den Fußboden zerstört. Ich musste jedenfalls erst mal kräftig schlucken, als ich zu Ende gelesen hatte. Dann habe ich das Buch weggelegt und musste mich erst mal wieder aufsammeln.

Ein paar Tage später, abends irgendwann, bin ich dann zu dir gegangen, um ein bisschen mit dir zu reden.

Von da ab saßen wir eigentlich jede Mittagsruhe auf deinem Zimmer und haben uns aus unseren Tagebüchern vorgelesen. Von da an sind wir die ganze Zeit zusammen durch das Gelände gezogen, haben gemalt oder einen Busch gesucht, damit du dich übergeben konntest. Einmal haben wir sogar Teller aus dem Essraum geklaut, um sie zu bemalen.

Dann wurdest du entlassen, und plötzlich überstürzte sich alles. Da ich meine Rasierklingen versteckt auf Station hielt, fanden sie einen guten Grund, mich rauszuschmeißen. Also ging ich wohl oder übel nach W. zurück, wo ich aber nicht lange Ruhe vor meinen nervenden Eltern hatte. Schutzstelle. Ja, du kennst das Spielchen, du hast es selber erlebt. Du hattest etwas erreicht, die WG, dein Freund usw. Aber ich stand vor dem Nichts. Den Weg, den ich antreten würde, warst du schon lange gegangen. Ich kam mir so klein vor. Dann kackten wir beide ab. Drugs. Du an Speed und bei mir ging die Kifferei los.

Wir waren absolut nicht mehr auf einem Level. Wir haben uns auch nur noch getroffen, wenn's um die Band und den Proberaum ging. So langsam aber sicher lebten wir uns auseinander. Es endete damit, dass du vor mir gezogen hast und ich Pappen geschmissen habe. Ich fand dich unausstehlich.

Irgendwann, eines schönen sonnigen Sommertages, habe ich in der WG angerufen, um etwas mit dir zu labern, aber R. sagte mir, dass du nicht in der WG, sondern im Krankenhaus seist. Als ich dich besucht habe, glaub mir, ich war geschockt. Ich wusste gar nicht, wie ich mich verhalten sollte, und habe deshalb etwas kühl reagiert. Ich wusste nicht, ob ich sagen sollte: »Scheiße, dass es nicht geklappt hat!« oder: »Ich bin froh, dass sie dir geholfen haben!« Also sagte ich gar nichts.

Ungefähr einen Monat später bin ich ins Augusta-Haus gekommen. Wir kackten nur noch am Scheißherbstwetter ab.

Ich bin auf die neue Schule gekommen und kam absolut nicht mit meinen Lehrern und Mitschülern klar. Der ganze kleinkarierte Scheiß, Hausaufgaben, Arbeiten schreiben, Tests, Abfragen von Hausaufgaben, die ich nicht gemacht hatte, kotz, kotz, brech, würg, kotz. Es war die gleiche Spezies, die zu dir sagte: »Ä isch hab den Penner wida besoffen gesehen.«

Und es war dieser Scheißalltag.

Die Tage wurden kürzer, die Nächte unerträglich lang, und sie brachten mich wieder in die Klapse.

Ihr habt mich dann immer besucht, und du hast mir deine Gitarre geliehen. Das war sehr lieb, ich hätte so viel Liebe von euch nicht erwartet.

Ich war eine Woche da, und dann haben meine Eltern mich abgeholt, um mich mit nach Hause zu nehmen. Der Winter kam. Dunkel, trüb, endlos lang. Wir haben's beide nicht mehr ausgehalten. Statt in die Schule zu gehen, haben wir uns stundenlang auf dem Weihnachtsmarkt aufgehalten, um Geschenke für dieses verlogene Fest zu kaufen. Die ganze Zeit war ich bei dir, obwohl ich in Wuppertal wohnte. Wir haben gekifft, gebastelt, geguckt, wo man 'nen Kaffee trinken kann, ohne von unseren Sozis erwischt zu werden. Wir haben x Ärzten einen vorgelogen, um Entschuldigungen für die Fehltage zu bekommen. Zwischendurch habe ich mich auch mal für ein oder zwei Wochen von zu Hause verpisst.

Es war ein kleines Abenteuer für sich, ein Kick, von dem wir wussten, er ist bald vorbei.

Ja, und dann war das Fest auf einmal vor der Tür. Ich habe mein Sparbuch geplündert, um wenigstens ein bisschen Kohle für Kerzen und Räucherstäbchen zu haben. Dann habe ich die Wohnungstür eingetreten, weil meine Eltern ohne mich in Urlaub gefahren waren und das Schloss ausgewechselt hatten.

Du bist mit M. zu deiner Mom gefahren, ich habe dich noch angerufen. Am Weihnachtsabend habe ich mich besoffen, alleine geheult und später noch gekotzt. Oh man, ich hatte absolut keinen Bock auf das folgende Jahr.

Am zweiten Weihnachtstag habt ihr in der WG gefeiert. Ich habe mich unwohl gefühlt, weil alle da waren. Alle lachten, und ich schämte mich, weil mein Lachen nicht echt war.

Dann kam der Silvesterabend. Wir haben konsumiert, konsumiert, konsumiert. Die ganzen Raketen am Rhein haben mich total kirre gemacht. Irgendwann habe ich nur noch schwarze Punkte gesehen. Du hast die leere Sektflasche auf einen Stein zertrümmert. Ich hoffe, dein Wunsch ist in Erfüllung gegangen. Wir waren breit, besoffen und tanzten ins 1998.

Dann kam das neue Jahr, und ich denke, keiner von uns hat es realisiert. Wir lebten weiter ohne Vorsätze, Hoffnungen oder Wünsche. Ich hatte viele Träume, doch in den ersten zwei Januarwochen habe ich sie schon wieder verdrängt.

Die Winterferien vergingen, der graue Schulalltag sollte wieder beginnen. Nicht für uns. Genauso wenig wie im letzten Jahr interessierte uns, was Lehrer, Pädagogen oder Sozialarbeiter, Psychiater, Therapeuten uns verzweifelt versuchten einzubläuen.

Schule, ja, so langsam kriegten wir unsere Ärsche hoch, aber sehr langsam. Wenn Zeugnisse keine Dokumente wären, hätten wir sie verbrannt.

Es sah scheiße aus. Verdammt scheiße.

Du hattest tierisch großen Schiss wegen der größten Liebe deines Lebens bekommen. Als Schluss war, hatte ich so große Angst. Ich habe dich noch nie so gesehen. Noch nie, nie, nie, und ich will dich auch nie wieder so sehen. Ich wollte immer da sein, wenn du das Bedürfnis hattest zu reden, aber du hast nur geschwiegen, und es war nicht auszuhalten.

Er kam wieder, vom Himmel auf die Erde geflogen, hatte ich den Eindruck.

Kurz darauf habe ich eine neue »Betreuung« bekommen. Es hat mich angekotzt, dass R. eine Wohnform für mich gefunden hat. Er hätte bleiben sollen.

Dann kam bei mir die eigene Wohnung. Aus Wuppertal nach Düsseldorf – wieder ein Umzug. Warum nicht. Ein junger Mensch verkraftet viel. Mit der neuen Wohnung kam noch ein Schub Todessehnsucht. Jetzt war aber vieles leichter. Wir konnten länger feiern, öfter auf Partys gehen und mehr konsumieren. Ja, es hatte seine positiven Seiten, sieben Stunden statt vier Stunden Schlaf zu haben. Viele Sachen standen noch offen, du warst kurz vor deinem Abschluss. Ich wollte die Versetzung in die neunte Klasse schaffen. Gepackt, alle beide. Ich danke dem, der das wahr gemacht hat.

Okay. Und jetzt sind wir hier, September 1998. Es wird wieder dunkel, trüb und grau. Und dieser Winter wird lang, lang, lang.

Dein Schneewittchen

ODE AN DIE PSYCHIATRIE-KINDER

TALAYEH, 18

Herrin des Selbst, wo versteckst Du Dich? Desassoziation. Wer will schon so'n Scheißkram hören wie: Wer bin ich? Wer kennt nicht die dunklen Seiten?

Jeder steckt im Drecksloch, bewusst oder unbewusst.

Wie lange wollt ihr noch Kinder bleiben?! In eurem Selbstmitleid ersticken und andere da mit reinziehen?!

Ihr, die Geschändeten, habt die Macht, nicht die Unwissenden. Nicht die armen Menschen, die noch keinen Schmerz empfunden haben, der sie an sich zweifeln lässt!

Nicht eure armen Väter und Mütter, Geschwister und Freunde, die krampfhaft versuchen, euch auf ihre Art und Weise zu helfen! Wie lange wollt ihr noch eure Augen vor eurer Selbstverarschung schließen?!

Wer spielt hier mit wem? Ihr seid die Rächer, die mit aller Kraft verlorene Liebe wieder holen wollt! Und ihre seid blind!!! Denn verlorene Liebe ist verloren, verdorben – verstorben!

Was erwartet ihr Egoisten denn noch?! Jede Hilfe schmettert ihr zurück, verletzt eure Leute und behauptet, ihr wollt gar keine Hilfe. Warum nervt ihr dann weiter?! Wozu eure dummen Provokationen? Um es darauf ankommen zu lassen?

Wozu die Aufmerksamkeit dauernd auf euch ziehen durch Kleinkind-Getue oder Pseudo-Ausraster? Ihr habt nicht das

Recht, euer Maul aufzureißen und euch zu beschweren! Guckt einmal in den Spiegel. Ihr wisst, wie man Menschen ausspielt. Jeder, der es selbst durchgemacht hat, kennt die Tricks. Wieso diese Überlegenheit so dumm verschwenden? Gebraucht sie doch für Ehrlichkeit.

Ich rede mit euch Psychiatrie-Kindern, die es nicht geschnallt haben, dass nur sie selbst was an ihrem Leben verändern können. Kein Betreuer, kein Arzt, kein Therapeut. Alle würde ich ausspielen, die von sich glauben, sie seien wichtig für den Weg eines jungen Menschen. Nicht meine Leute. Auch sie haben es auf ihre Art versucht und sind gescheitert. Trotzdem bin ich dankbar, allein für das Interesse, das sie gezeigt haben. Und *ich* bin diejenige, die Grenzen zeigt und sagt: Lebt euer Leben, ich leb meins! Alleine geht es besser. Dazu brauche ich nicht wie ein Gorilla das Haus auf den Kopf zu stellen, wie ein Baby zu heulen und allen Angst und Sorge einzujagen. Angst und Sorge muss ich selber um mich haben, nicht andere. Ich habe lange gebraucht, um zu kapieren, dass ich nur erwartet habe, dass andere mich kennen und verstehen. Andere! Scheiß auf andere! Brauche die gar nicht. *Ich* muss mich kennen und verstehen. Was soll ich noch suchen nach etwas, was ich mit fünf, sechs Jahren gebraucht habe?!

Ja, zu euch Drehtürpatienten spreche ich, die sich für die Geldbörse der Therapeuten züchten lassen. Euer Zuhause ist eine gottverdammte Klinik, die jeden Tag gottverdammtes Geld kostet! Allein für eure süßen Medis, die euch zu manipulierbaren Kindern machen. Wisst ihr, wie teuer diese legalen Drogen sind, die ihr auch noch gerne schluckt, um wie arme Zombies in der Ecke zu hängen und euch von euren Familien, Freunden bedauern zu lassen? Wie kann es sein, dass man da keine Scham empfindet? Mir ist es peinlich, dass ich eine von euch war. Mein eigenes Schlammloch ist für mich perfekt gebaut und *niemand* hat etwas darin verloren und *niemand* hat etwas davon mitzukriegen. Nur ich und die Herrin meines Selbst ...

EINE GANZ BESONDERE FREUNDSCHAFT

SANDRA, 23

Durch meine vielen Psychiatrieaufenthalte in den letzten fünf Jahren habe ich sehr viele Patienten kennengelernt. Natürlich haben sich aus einigen Begegnungen (wenn auch sehr wenigen) gute Freundschaften entwickelt. Gerade wenn man lange auf einer psychiatrischen Station ist, besonders in der Kinder- und Jugendpsychiatrie (aber auch im Erwachsenenbereich), fühlt man sich mit anderen Patienten sehr verbunden, schließlich sitzt man im selben Boot, hat vielleicht sogar ähnliche Probleme. Endlich sieht man: »Oh, mir geht es ja gar nicht alleine so!« Man kann Erfahrungen austauschen.

Ungünstig ist es aber, wenn man seine sozialen Kontakte auf den Bereich der Psychiatrie beschränkt. Kontakte zur Außenwelt, zu Freunden und Bekannten sind und bleiben sehr wichtig. Denn, ob eine Psychiatriefreundschaft nach der Entlassung weiterbestehen bleibt, ist nicht immer sicher. Oft verliert man sich aus den Augen. In der Psychiatrie hat man sich zwangsläufig Tag und Nacht gesehen, ja, hat fast wie in einer großen Familie zusammengelebt. Außerdem fühlt man sich ständig für den anderen verantwortlich, schließlich sind nun nicht mehr die Mitarbeiter und Therapeuten da, die sich um alles kümmern, Krisen auffangen. Dieses Verantwortlichkeitsgefühl für den jeweils anderen kann eine Freundschaft sehr belasten, vielleicht sogar in die Brüche gehen lassen. Man versucht ständig, auf den anderen Rücksicht zu nehmen.

Allerdings will ich hier nicht alles schwarz malen, Psychiatriebegegnungen können sich auch zu guten Freundschaften entwickeln, schließlich weiß der andere fast alles von einem, hat einen in der Krise kennen gelernt. Man fühlt sich schon irgendwie miteinander verbunden, hat viel miteinander erlebt – Positives wie auch Negatives. Es ist eben eine ganz besondere Freundschaft.

DIE TRAUER FLOG TIEF

MARC, 18

Für Melina

Dunkle Wolken zogen in deinem Kopf
Trauer flog tief in die Seele
Der Altar für die Legende sprach in Gedanken
Die Spritze mit anderen Welten
Selbst dein Blut zog davon
Dein Herz, drei dumpfe Schläge pro Minute
Der Geist erwacht und flog hinaus
Die Ketten der Lüge, du hast sie getragen
Dein Hirn wollte folgen dem Geist
Die Blinden haben's gesehen
Die Sterne haben's erzählt
Der blonde Vater hatte es erwartet
Sünde, was deine Augen sahen
Gewitter brach in deinen Körper
Schreie waren zu laut
Die Klinge war zu schade
Die letzte Spritze sollte die goldene sein
Erklärungen von Leuten, die nicht wollten sehn
Zu deinem Grab konnten sie nicht gehen
In deinen Augen sah man das Kind
Ich hoffe, du bist in der Welt, wo die
Kinder des Friedens sind
In Trauer

OH, FLORIAN

MIRIAM, 16

Ich denke so oft an dich.
Vor ein paar Wochen habe ich geträumt von dir.
Deine blauen Augen haben so gestrahlt.
Du hast zu mir gesagt: Denke nicht so oft an mich.
Es ist nicht gut für dich.
Sage mir, wie soll ich nicht an dich denken?
Ich habe Hass in mir.
So viel Hass gegenüber den Menschen,
die dich so gemacht haben.
Wie soll ich nicht an deine ozeanblauen Augen denken?
Ich konnte nicht einmal eine weiße Rose
auf dein Grab legen.
Dein Name steht auf keinem Grabstein.
Aber was bedeutet schon eine Rose,
wenn man sie auf ein Grab legt und sie vergisst?
Ich zittere bei dem Gedanken an dich ...
Dein junger Körper ...
Ich hoffe ...

ZU STARK FÜR DIE PSYCHIATRIE?
EIN BRIEFWECHSEL

CORDULA, 23, UND WIEBKE, 16

1990, im Alter von 13 Jahren, erkrankte ich an Krebs; mit einem Schlag veränderte sich mein gesamtes Leben. Es folgten über Jahre hinweg – und bis heute anhaltend – gesundheitliche Probleme, ständig bin ich auf Ärzte und Krankenhäuser angewiesen. Ein »normales«, also altersentsprechendes Leben konnte ich nicht mehr führen, selbst der regelmäßige Schulbesuch wurde zur Utopie. Äußerlich – das betrifft mittlerweile mein Studium – kann ich keine Kontinuität schaffen; immer, wenn es läuft, erwartet mich ein neues Hindernis. Die Leistungsgrenze ist schnell erreicht und entspricht nicht der Norm unserer Gesellschaft: Damit konnte ich als Jugendliche nicht umgehen. Daher wollte ich es mit übertriebenem Perfektionismus überspielen und überforderte mich ständig selber. Zurück blieb das Gefühl, ein Versager zu sein.

Fragen nach der persönlichen Zukunft kamen auf, der unerfüllbar scheinende Wunsch, auf eigenen Beinen zu stehen. Mein Körper war nicht mehr verlässlich, seine Reaktionen oft nicht zu verstehen, sodass ich mich – umgeben von einem Nebel aus Unsicherheit – stolpernd fortbewegte und keinen rechten Halt mehr finden wollte. Ich begann, mit meinem Leben zu hadern, konnte das Schöne nicht mehr sehen.

Mit 19 Jahren war ich am seelischen Tiefpunkt meines bisherigen Lebens angelangt und verbrachte eine Nacht und einen halben Tag auf der geschlossenen Abteilung einer Erwachsenenpsychiatrie. Dort wollten sie mich jedoch nicht behalten, sie waren – zu Recht – der Meinung, dass ich dort erst richtig krank werden könnte, ich sei bei ihnen fehl am Platz. Außerdem konnten sie dort mit meiner Grunderkrankung, dem Krebs, nicht umgehen, sie waren auf ganz andere Krisen fixiert: Arbeitsleben, wirtschaftliche Schwierigkeiten, Beziehungsprobleme. Die Kinder- und Jugendpsychiatrie fühlte sich auch nicht für mich zuständig, eine Hilfestellung lehnte sie ab, da ich das Aufnahmealter überschritten hatte.

Für die einen zu alt, für die anderen zu jung – ich wurde hin und her geschoben, keiner wollte sich die Finger verbrennen. Ich sei so stark und habe so ein wunderbares Umfeld, meinten sie in der Erwachsenenpsychiatrie, ich würde das viel besser alleine schaffen.

Trotzdem sollte ich mir einen niedergelassenen Psychotherapeuten als Unterstützung suchen. Doch dies entpuppte sich beinahe als ein hoffnungsloses Unterfangen: »Warteliste von mindestens einem halben Jahr«, »Nicht zuständig für diese Problemstellung« usw.

Ich konnte es nicht fassen! Keiner wollte die Verantwortung übernehmen. Was passiert bitte schön mit einem Menschen, der keinen Lebenswillen hat und für den keine Familie im Hintergrund da ist, die ihn auffängt?

Für mich war es letztendlich lehrreich und heilsam. Ich hatte eine riesengroße Wut im Bauch, die ungeahnte Kräfte freisetzte und mich den entscheidenden Schritt erkennen ließ. Die Verantwortung für mein Leben muss ich selbst übernehmen, nur ich selbst kann mir helfen.

Ich erkannte, dass mein Schicksal nicht so schlimm und unerträglich ist, dass es nicht mehr lebenswert wäre. Es kommt nur darauf an, aus welchem Blickwinkel ich es sehe und was ich daraus mache. Wenn ich die Schuld für mein Ergehen in der Vergangenheit, der Erziehung oder den erlittenen Schicksalsschlägen suche, werde ich innerlich nie frei, sondern verharre in Reglosigkeit und Dunkelheit. Doch man sollte nicht etwas verändern wollen, was man einfach nicht mehr ändern kann, sonst verliert man irgendwann den Blick nach vorn.

Dass sich dieser Lernprozess auch in meinem Herzen vollzogen hat, sollte sich erst in einem neuen gesundheitlichen Tief zeigen. Seit einem halben Jahr befinde ich mich wieder im Krankenstand, musste Operationen, Behandlungen und viele Schmerzen hinter mich bringen. In den nächsten Monaten erwartet mich eine weitere Klinik mit Therapien. Erneut wurde mein Schwung abgebremst, und ich musste mein Studium abbrechen. Mein Tagesrhythmus ist nicht von der Uni und Partys geprägt, sondern vom Krankenhaus.

Wer nun aber denkt, ich läge jammernd und leidend im Bett, der hat weit gefehlt. In mir herrscht einfach eine grundsätzliche Fröhlichkeit, die nie lange unterzukriegen ist. Meine Situation wird nicht besser, indem ich mich auf mein Leiden konzentriere und im Bett liegend mein Selbstmitleid pflege. Dadurch fühle ich mich nur noch kränker, also versuche ich, möglichst schnell wieder aktiv zu werden. Glücklicherweise habe ich genügend Interessen, die mich erfüllen oder einfach ablenken, was nicht bedeutet, dass ich die Gedanken, die hochkommen, durch Überaktivität verdränge.

Häufig werde ich gefragt, ob mir nicht die Decke auf den Kopf fällt oder ob es mir nicht zu eng wird, wenn ich monatelang an meine vier Wände oder die der Klinik gebunden bin. Dem ist keineswegs so, ganz im Gegenteil! Langweilig wird mir nie, mir fällt immer etwas ein, was mich befriedigt, auch wenn es sich längst nicht auf vergleichbar hohem intellektuellem Niveau bewegt wie bei meinen Kommilitonen. Selbst als ich mich ein Vierteljahr mit Krücken fortbewegen musste, durfte ich jeden Tag die Natur genießen, indem ich im Wald spazieren hüpfte.

Ich versuche das Beste aus meiner momentanen Lage zu machen – Akzeptieren ohne Resignation heißt das Schlüsselwort. Ich habe gelernt, mich über die kleinen Fortschritte zu freuen und jedes Stückchen von Selbstständigkeit und Unabhängigkeit zu schätzen. Morgens alleine aufstehen zu können, vielleicht sogar mit erträglichen Schmerzen, sich selbst waschen zu können – das sind keine Selbstverständlichkeiten. Ich muss nicht an meinem Leben verzweifeln, denn ich bin der festen Überzeugung, dass es einen für mich vorgegebenen Weg gibt, der seine Richtigkeit und seinen Sinn hat, auch wenn ich manche Unebenheiten, Kurven und Hügel nicht immer sofort durchschaue. So spüre ich tief in mir, dass man nie sein Vertrauen ins Leben – oder in Gott oder wie auch immer das eigene Weltbild aussehen mag – verlieren darf.

Trifft mich eine neue niederschmetternde Nachricht, begehren in mir viele Emotionen auf. Meistens muss ich das erste Gefühlschaos und den Aufstand in mir durch sportliche Betätigung »rausschwitzen«, danach müssen die Gedanken fließen dürfen, wobei das Musizieren mit der Geige oder das Schreiben wichtige Ausdrucksmittel für mich sind. Dann kann ich den schwierigsten, aber entscheidenden Schritt bewältigen, nämlich die neue Situation anzunehmen und konstruktiv(!) anzugehen. Nur so kann sich eine große Ruhe in mir ausbreiten.

Und sobald wieder eine gewisse Ordnung in mir hergestellt ist, kitzelt mich eine unbändige Lebenslust, deren Intensität ich erst durch die Nähe des Todes, die mir der Krebs brachte, erfahren habe. Diese Lebenslust füllt mir jeden Tag mit kleinen Freuden an, sei es durch menschliche Begegnungen oder durch froh machende Beschäftigungen. Aus diesem meinem ganz persönlichen Leben gewinne ich die Kraft zum Durchhalten, Weitermachen und Wiederaufstehen.

Am meisten Kraft geben mir jedoch meine Mitmenschen. Meine Familie, meine Freunde und meine Ärzte lassen mich so viel Liebe und Wärme spüren, dass die körperliche Krankheit und die innere Versteinerung einfach keine Chance haben. Eine Freundin meinte einmal, ich würde mich zu einer professionellen Hürdenläuferin entwickeln und die Mitmenschen könnten dabei allenfalls als »Super-Sauerstoff-Turnschuhe« fungieren und mir den Sprung erleichtern. Doch genau diese Turnschuhe sind lebenswichtig, sonst würde mir die Puste ausgehen, ich käme ins Straucheln und stürzte am Ende gar.

Das Gefühl, nicht alleine zu sein und trotz meiner oftmaligen »Funktionsunfähigkeit« nicht fallen gelassen zu werden, hilft mir über vieles hinweg. Dieses Aufgefangenwerden und die menschliche Wärme kann ich jedoch erst jetzt zulassen, nachdem ich meine ganze Persönlichkeit akzeptiert und sogar lieb gewonnen habe, dazu gehören auch die Schwächen und Grenzen. Obwohl ich häufig wochenlang keinen Besuch ertragen kann, stehen meine Freunde zu mir und signalisieren mir ihre Nähe durch Briefe.

Schreiben ist mein Ventil. Ich kann mir all das Bedrückende wie auch die große Freude von der Seele schreiben, Gedanken sortieren, das Geschehene reflektieren oder einfach mal Dampf ablassen. Dabei nehmen die Briefe eine ganz wichtige Funktion ein, nicht nur im therapeutischen Sinne. Sie sind in Krankheitszeiten oft mein einziger Draht nach draußen und ermöglichen es mir, trotzdem am Leben der anderen in der »normalen« Welt teilzuhaben. Und sie erinnern mich an meine Kraft. Eine Freundin schrieb mir mal: »Dein Brief hat so wunderschön herausgestrahlt – woher du den Mut und die Kraft bekommst? Aus dem Leben, wie du immer sagst?«

Liebe Cordula,

ob ich jemals so viel Freude am Leben haben werde wie du, liebe Cordula, das weiß ich noch nicht. Ich bewundere jedenfalls deine Stärke, die dich am Leben hält, die dir hilft, den Weg zum Licht zu finden, obwohl deine Augen schon so lange an die Dunkelheit gewöhnt sind. Ich dagegen kämpfe mich nur mühsam durch die Mauer aus dichtem Nebel. Ich könnte ein bisschen von deiner Lebensfreude und deiner Kraft gebrauchen. Körperlich geht es mir zwar recht gut, aber meine Seele ist krank. Oftmals habe ich mir die Frage gestellt, wofür lohnt es sich überhaupt zu leben?

Im Gegensatz zu dir hatte ich nie richtige Freunde. Auch eine Familie, die mich in schwierigen Zeiten auffing, hatte ich nie. Meinen Vater kenne ich nicht. Das einzige, was ich von ihm weiß, ist, dass ich ihm egal bin. Seit 13 Jahren hat er sich nicht um mich gekümmert. Ich habe nur meine Mutter, und für sie fühle ich mich, obwohl ich erst 16 bin, immer verantwortlich. Wenn sie etwas falsch machte, fühlte ich mich mit schuldig. So stand ich unter einem ständigen Druck. Um sie nicht zu belasten, konnte ich auch nicht mit ihr über meine Probleme reden. Und es gab niemanden, dem ich mich anvertrauen konnte. So wurde die Einsamkeit fast schon mein Freund.

Warum man mich in der Schule immer gehänselt hat, weiß ich bis heute nicht. Von zwei angeblichen Freundinnen wurde ich missbraucht und ausgenutzt. Ich sah keinen Ausweg mehr, hatte nicht die Kraft, mich zu wehren, und rutschte immer tiefer in die Depression. Dieser schreckliche Zustand dauerte drei Jahre, bis ich mit 15 meinen ersten wirklich ernsten Selbstmordversuch verübte.

Ich weiß nicht, ob du mich verstehst, weil du das Leben aus einer völlig anderen Perspektive siehst. Ich zweifelte daran, dass es Gott wirklich gibt, denn sonst hätte er das nicht zulassen dürfen. Ich glaubte an nichts mehr, am wenigsten an mich selbst.

Woher hast du in den zehn Jahren deiner Krebserkrankung immer wieder die Kraft genommen, an das Leben zu glauben? Vielleicht waren es wirklich deine Freunde und deine Familie. Ich hatte beides nicht, und wenn ich sie hatte, habe ich sie nicht gesehen, sie nicht sehen wollen. Ich habe nichts und niemanden mehr an mich herangelassen; ich hätte schreien können, wenn meine Mutter versucht hat, mich in den Arm zu nehmen. Ich konnte niemandem mehr trauen und ließ niemanden an mich heran. Ich fühlte mich wertlos und minderwertig.

Der Nebel um mich herum zog sich immer mehr zusammen. Ich machte alles nur noch automatisch. Ich ging automatisch zur Schule, machte meine Hausaufgaben automatisch – oder auch nicht. Ich setzte mich in mein Zimmer und dachte darüber nach, wie miserabel ich doch sei und wie sinnlos dieses Leben ist. Ich strafte mich selbst, indem ich mir verbot zu essen. Ich sah mich als hässliches, fettes, wertloses, dummes Ding. Ich hasste mein Bild im Spiegel, ich konnte mich nicht mehr ansehen. Ich hasste alles an mir. Nur von meiner Intelligenz war ich immer überzeugt, aber vielleicht war sie auch mein Handikap. Ich wünschte der Welt, dass der Tod sie von meiner Anwesenheit befreite. Jeden Tag überlegte ich mir neue Möglichkeiten, wie ich mich umbringen könnte. Wie paradox – du kämpfst um jedes bisschen Leben, und ich wünschte mir nichts sehnlicher als den Tod, weil ich das Leben nie kennen gelernt habe. Irgendwann fing ich an zu ritzen, ich schnitt mir die Arme auf, um mich zu strafen.

Mit fünfzehn rannte ich zum dritten Mal von zu Hause weg. Ich wählte eine Stadt, die weit genug von zu Hause weg und groß genug war, um sich zu verstecken und anonym zu bleiben. Ich entschied mich für Berlin, landete direkt am Bahnhof Zoo. Dort kiffte ich mir mit meinen neuen Freunden die Probleme weg. Nach einer gewissen Zeit hatte ich von diesem Leben die Nase voll und ging freiwillig nach Hause zurück. Aber dort hatte sich nichts verändert, und für mich war alles nur noch unerträglicher. Ein weiterer Selbstmordversuch brachte mich schließlich in die Psychiatrie.

Seit dieser Zeit weiß ich, dass an mir doch nicht alles schlecht ist und dass es neben meiner Intelligenz auch noch andere Seiten an mir gibt, die liebenswert sind. Ich denke sehr viel über das Leben nach und entdecke hier und da etwas, wofür es sich lohnt zu leben.

Von dir, liebe Cordula, habe ich gelernt, dass es sinnvoller ist, sich mit Gefühlen wie Trauer, Schmerz und Einsamkeit auseinander zu setzen, als sie zu unterdrücken. Ich achte jetzt mehr auf die kleinen Freuden des Lebens und gebe mir und den anderen eine Chance. Trotzdem weiß ich, dass ich noch einen weiten, steinigen Weg vor mir habe. Vielleicht kannst du mich ein bisschen dabei begleiten. Halte durch!

Deine Wiebke

Liebe Wiebke,

mitten im prallen Leben stehend las ich deinen Brief, und er hat ganz unterschiedliche Gefühle in mir ausgelöst. Vor allem war ich sehr froh und erleichtert, dass du meine Gedanken und Worte annehmen konntest, denn ich hatte ein bisschen Sorge, ob ein Mensch wie du, der so viele Gesichter der Dunkelheit kennen gelernt hat und dadurch vielleicht das Licht in einem ganz anderen Farbton sieht, meine niedergeschriebene Lebenseinstellung anmaßend oder gar verletzend empfindet.

Ich möchte nicht mit einem lapidaren »Denk doch mal positiv« daherpoltern, ich bin einfach nur so überglücklich über mein wiedergewonnenes Leben. Damit meine ich nicht nur mein neu geschenktes Leben nach meiner Krebserkrankung, sondern das wiedererlangte und hart umkämpfte Gleichgewicht mit mir selbst: dass ich mich selbst nicht nur über den Verstand gesteuert akzeptiere, sondern mich richtig lieb habe mit all meinen Handikaps und Eigenheiten. Doch bis ich an dem Punkt stand, an dem ich mich heute befinde, musste ich eine nicht enden wollende Wüste durchqueren, die mir vollkommen menschenleer und ohne lindernde Oasen erschien. Ich würde mich selbst erhöhen, wenn ich behauptete, dass ich deine Gefühle tatsächlich nachempfinden kann, denn es ist deine ganz persönliche und subjektiv empfundene Lebensgeschichte. Aber ich kann dir ehrlichen Herzens sagen, dass ich deine beschriebene Situation, dein damit verknüpftes Selbstbild und deine Reaktion nachvollziehen und, soweit es mir zusteht, auch verstehen kann. Die Frage, wofür es sich überhaupt lohnt zu leben, ist mir nicht fremd, auch wenn sich bei jedem Menschen wieder etwas anderes dahinter verbirgt.

Meine Seele verbrachte fast drei Jahre in einem dunklen Kellerloch. Wie ich die Treppe nach oben und dann auch noch die richtige Tür fand, die sich zum Tageslicht öffnete, kann ich dir nicht so genau sagen. Es gibt keine Gebrauchsanleitung dafür, jeder Weg ist von unterschiedlicher Beschaffenheit. Wahrscheinlich hatte ich trotz Familienproblematik und Ausgenutztwerden von Freunden, ähnlich wie du es beschreibst, glücklichere oder besser gesagt sichtbarere Grundvoraussetzungen als du.

Wenn ich von meinem jetzigen Standort zurückschaue, war es wohl das Wichtigste, dass ich trotz aller Enttäuschungen und zusammenbrechender Brücken in jeder Lebensphase stabile und stützende Eckpfeiler hatte. Mein kleines Lebensgebäude stürzte nie völlig ein, weil es drei tragende und unverwüstliche Säulen gab: zwei davon in Gestalt meiner Eltern und eine davon in Form der beständigen Erfüllung meiner Pflichten (das bedeutete damals Schule). Dadurch hatte ich einen gleich bleibenden Rahmen, der mir eine gewisse Orientierungshilfe bot, und eine Last war mir abgenommen, die du offensichtlich alleine tragen musstest. Drumherum bröckelte und ächzte es allerdings gewaltig – und dennoch: Es gab immer wieder provisorisch errichtete Säulen, nämlich Mitmenschen, die während des nächsten Sturmes mein Gebäude mit vereinten Kräften zusammenhielten, mal mehr, mal weniger erfolgreich.

Diese Mitmenschen zeigten mir, wie lebenswert mein Leben ist, wenn ich es nur innerhalb meiner nun mal existierenden Grenzen richtig gestalte. Sie haben mir ganz einfach dabei geholfen, mein Leben zu leben, ohne es ständig am Leben anderer zu messen. Und sie haben mich gelehrt, die herrlichen Farben meines Lebens wieder sehen zu können. Das war nicht immer leicht, manchmal musste ich regelrecht darauf gestoßen werden, und das konnte richtig weh tun.

Merkst du was? Indem es schmerzte, fing ich auch wieder an, etwas zu spüren. Ganz langsam kamen wieder Gefühle auf. Zuerst öffnete ich nur eine ganz kleine Luke meiner dicken Ritterrüstung, und als ich merkte, dass es meiner Umwelt so auch möglich war, mir Vertrauen entgegenzubringen (denn vorher gab es ja überhaupt keine durchlässige Stelle, an der meine Mitmenschen zu mir vordringen konnten), legte ich nach und nach einen Teil nach dem anderen ab. Kannst du dir vorstellen, wie schön und liebenswert ich mich plötzlich ohne diese hässliche graue Ritterrüstung fand? Und wie leicht ich nun durchs Leben »tanzen« kann, ohne von der schweren Rüstung immer nach unten gezogen zu werden?

In Luft aufgelöst hat sich meine Rüstung natürlich nicht; sie steht in einer Zimmerecke, und manchmal höre ich sie auch noch rasseln. Dann überfällt mich die Erinnerung, wie schwer das Leben sich in dieser Verkleidung meistern ließ. Also gehe ich zu einem Freund, rede mit ihm über meine Angst, Trauer, Wut oder auch über meine Freude und spüre, wie unendlich gut das tut. Vielleicht kann ich eines Tages meine Ritterrüstung endgültig auf einer Sondermülldeponie entsorgen.

Mein Leben lang habe ich solche Mitmenschen getroffen, die mich ein Stück weit oder gar von Beginn an begleitet haben. Und jedes Mal, wenn es so gar nicht weitergehen wollte, tat sich unverhofft ein neuer Weg auf, den ich vorher gar nicht bemerkt hatte. Das kann kein Zufall sein; da muss es jemanden geben, der meinen Lebensplan genau kennt und mich deshalb auch nicht im Stich lässt. Bisher hatte jede Kurve und jedes Hindernis meines Lebens einen Sinn. So kann ich das heute sehen. Es gab Zeiten, da konnte ich mir nicht vorstellen, dass es einen Gott gibt, und wenn doch, dann fühlte ich mich hintergangen, von einem Gott, der so viel Leiden erlaubte und mich so lange damit allein ließ.

Liebe Wiebke, ich weiß nicht, wie dein Weg aussehen wird und wann dir die vielen Hindernisse und Sackgassen ein Wegstück zum Durchatmen ermöglichen. Ich kann dir auch nicht sagen, wie dieser Weg leichter zu bewältigen ist oder welche Richtung du an einer Weggabelung einschlagen musst. Aber ich kann mit dir gehen, in der Dunkelheit bei dir bleiben und kann dir, wenn du über einen der vielen Steine stolperst, beim Wiederaufstehen helfen.

Lass uns doch einfach gemeinsam weiterwandern!
Deine Cordula

Therapie – Manege meines Lebens?

Am Drahtseil stehend
warte ich auf den Trommelwirbel der Therapeuten,
Scheinwerferlicht umhüllt mich,
der Auftritt beginnt.

Die Kunst, die Balance nicht zu verlieren,
ist die Kunst, sich nicht zu verlieren.
Geübt wird in der Manege der Mitpatienten,
Kritik garantiert.

Schritt für Schritt stolziere ich
über den Köpfen der Zuschauer.
Ich tanze, brülle, renne, schreie, weine
und spiele mit meinem Leben.
Angst und Scham können
den Vulkan der Wut aufhalten.

Ich bin süchtig nach Aufmerksamkeit,
süchtig nach Trost, Wärme und Zeit.
Wer holt mich aus dem Zirkuszelt?
Wer nimmt mich in den Arm und zeigt mir
die wirkliche Welt?

Anna, 28

BLICK IN DEN SPIEGEL

LARA, 15

Ich wandere durch einen Raum voller Spiegel. Schrecke vor der Gestalt zurück. Plötzlich wird mir klar, dass ich keine Kontrolle über sie habe. Ich kenne sie nicht und blicke sie beziehungslos an.

»Weißt du, was ich versucht habe?«, sagt sie.

»Ich habe mich entblößt. Sag mir, was überkommt dich, wenn ein krankes Kaninchen hungrig vor dir liegt und stirbt?« Sie verlässt mich.

Hallo, wo bist du denn, Lara?

Meine Güte, diese Leere. Trance. Ich existiere nicht mehr.

Fliege an eines Engels Hand durchs Universum. Ich wiege und biege mich hypnotisiert hin und her. Bis ich in ein Paar grüner Augen blicke: »Ich bin deine Uroma und ich habe gekämpft, versucht, mich durchzusetzen, ich habe versucht, dem Kreislauf ein Ende zu setzen. Doch der Teufel war stärker.«

Ich fühle, was sie meint.

Ich weiß nicht mehr, was ich tue. Ich weiß nicht mehr, was ich bin. Lebe ich noch? Was habe ich getan? Wer redet da? Ich müsste mich in der Mitte meines Körpers teilen, um alle Organe arbeiten zu sehen, das Blut, den Lebenssaft spritzen zu sehen ... Schreie, Schreie, Schreie und kalte Augen. Mein Herz herausziehen, es in der Hand halten und schlagen, pumpen sehen. Was ist mit meinem Kopf los? Kontrolle. Ich singe. Singe tatsächlich, und dieser Vogel antwortet mir. Mein Vogel, mein alles. Stolz wie ein Schwan, lieblich wie die Nachtigall, geheimnisumwoben wie ein Rabe.

Wann wache ich auf? Wann kehre ich zurück?

Ich träume mich selber.

Will ich denn aufwachen? Will ich fühlen und wissen und handeln?

Oder will ich schweben, seelenlos, im Koma zwischen Tod und Leben?

Oh, Gott, meine Mutter, ein Mensch aus der Wirklichkeit?
Nein. Das Monster aus meinem Traum.

Fort, fort, fort.

Gebunden an den Ort der Zerstörung. Gezwungen, mich her-
unterzuschlucken und das Kaninchen zu streicheln.

Ich bohre in seinem Herzen. Ich will ein Stück Wahrheit, ein
Stück Orientierung. Kann ich die Menschen spalten in Spieler
und Echte?

Die Wohnung, vertraut, grausam. In sie flüchte ich und gehe
kaputt, denn die Blutegel saugen mich aus, nisten sich ein in
meinem Herzen. Getier krabbelt in meinem Bauch, nagt in
meinem Kopf. Ich schneide und schneide, um zu einem Gefühl
zu gelangen. Ein Gefühl, das das Monster nicht verweigert und
das Kaninchen nicht in seinen Tränen ertrinken lassen kann.
Denn es ist echt. Echt! Stelle man sich das vor. Und ich tanze in
einer Trunkenheit über die Aura der Lüge.

Menschen, die wie Nebelgeister vor mir stehen. Locken mich
in das Reich des toten Selbst. Meine Wirklichkeit, das ist meine Wirklichkeit. Doch da steht das Kaninchen plötzlich vor mir,
schwillt an zu einem hechelnden Ungetier, seine Schnurrhaare
schlagen mir wie Peitschen ins Gesicht. Es umklammert mich.
Seine Krallen dringen in meinen Körper und drücken meine
Gefühle wie Waschlappen aus, schlapp hängt es sie auf eine
Leine, freut sich, dass sie trocknen, und räumt sie fein säuber-
lich in den Schrank.

Die große Blindheit macht sich breit. Der Marsmensch tappt
in mir und sucht sein Zuhause. In meinem Inneren gähnt die
Schlange. Ihr Atem bläst wie Nebel auf den gläsernen Pierrot.
Mit ihrer Zunge klaut sie seine wertvolle Träne.

Ich sitze in einem höhlenähnlichen Gang. Wahrscheinlich ist
es die Unterwelt der Schlange. Rechts ein Auge. Links eine Lupe.
Jemand maskiert Gläser mit Hasen. Plötzlich sehe ich einen
Grasmenschen auf mich zukommen. »Es ist eng hier«, singt er,
»eng.«

Wir überfliegen den Horizont. Ich spüre nicht dieses Stück
Fleisch, das anstatt meiner seine Kreise zieht, und sehe, wie aus

dem Kristall eine Ratte kriecht. Der Grasmensch lässt mich in einer seltsamen Stadt nieder, ich verliere seine Hand. Ein säure-ähnliches Beißen vermischt sich mit einem saugenden Ziehen. Die Welt ist die Zunge des Teufels.

In dieser Stadt rennen Menschen lange Straßen auf und ab. Ihre Gesichtszüge zittern so schief wie die Musik, die tagein, tagaus in der Stadt gespielt wird, doch weiß niemand, woher sie kommt. Ich höre einen Menschen sagen: »Wir sind die lei-denden Kreaturen. Wir sind wie Fische, die glauben, dass nie-mand jemals Orientierung erfahren hat.« Ich werde in einen Hinterhof gezogen. Fasern einer rosa Melone bilden die Aura des Grasmenschen. Als ich höre, wie er wieder singt: »Es ist eng hier, eng«, weiß ich, was geschehen wird. Er bringt mich zu einem großen Haus. Wendeltreppen, um deren Geländer sich Schlangen winden, führen mich zu dem Pierrot. Er sucht seine Träne. »Hier findest du, was du suchst«, flüstert jemand. Der Pierrot öffnet die ihm gewiesene Tür, und als ich ihm folge, spüre ich nur noch, wie eiskalter Wind mich umgibt.

Wir stehen vor der Weite der Antarktis. Endlos. Uferlos. Grenzenlos.

»Hier soll ich meine Träne suchen?«, fragt der Pierrot.

»Und hier in der endlosen Weite wirst du sie finden.«

Auf einmal umgibt uns Feuer.

Füße bohren sich Halt suchend ins Eis. Flammen pressen sich an die Glashülle des Pierrots. Er zersplittert. Das Glas drückt sich in mein Fleisch. Es dringt tief in meinen Körper. Die Sehn-sucht des Pierrots saugt dankbar meine roten Tränen auf. Wir sind eins geworden.

Das Eis schmilzt und Wasser erstickt die Flammen. Ich trei-be in dem Wasserstrom eine Ewigkeit dahin. Irgendwann reißt mich eine strudelartige Strömung in die Tiefe. Dumpf aufkom-mend lande ich auf einem trockenen Boden.

Ist es das Haus? Das Haus, wo alles begann?

Ich frage.

Chamäleon-Wirklichkeiten stehen vor mir, ordentlich auf-gestellt in einem Regal.

Ein freundliches Gesicht fragt: »Was brauchst du, mein Kind? Nimm dir, was du möchtest.«

Die Lachfalten dieses fürsorglichen Gesichtes dehnen sich plötzlich weit über seinen Kopf aus, sie platzen heraus. Langsam verwandeln sich die lachenden Lippen in seilähnliche Würste. Sie stoßen gegen das Regal. Alle Wirklichkeiten prasseln auf mich ein, ergießen sich über mich. »Willst du, dass ich dir helfe?«, fragen die ausgedehnten Lippen. Ich kann nicht mehr sprechen, starre nur auf die Wirklichkeiten, die nun in Form von Käfern meinen Körper bekrabbeln. »Ich bin hungrig«, sagt die Wurstfreundlichkeit. Eine riesige Zunge schleckt die Käfer von meinem Körper bis auf das letzte zappelnde Beinchen ab. Bis sie auch mich verschlingt. In ihrem Bauch begegne ich undurchsichtigen Gestalten, die mir, mich wohlwollend musternd, die Hände reichen. Aber vielsagend seufzend, fast entschuldigend, stecken sie ihre Hände wieder in die Taschen. Ich weiß nicht, warum. Was ist wohl Selbstverständlichkeit? Ich verstecke mich in einem Gerüst aus Stacheln.

Wie kann es möglich sein, mir scheint, als ist es der Keller des Hauses ...

Fahrt in Panik

Krallen krallen sich

In Krallen

Krawall

Qualle

Sucht

Das Blut drückt und presst gegen meine Adern. Das Klopfen ist so laut, dass ich die Rufe nicht mehr höre. Mit zusammengepressten Augen lenke ich meine Hand zu den blauen Hüllen, aber es ist zu spät. Der Lebenssaft ist stärker. Entsetzt halte ich leere, blaue Rohre in der Hand und sehe, wie das Leben den Kellerboden wie einen Schwamm versorgt. Irgendeine Hand, ich weiß nicht, woher sie kommt, schließt sich um meinen Körper. Als sie ihn ausdrückt, vereinen sich die letzten Überbleibsel meines Blutes mit dem blubbernden Leben auf dem Kellerboden. Jetzt erkenne ich die Gestalt, die zu der Hand gehört. Ein Sargschlüpfer. Er hält mich wie einen Tauchanzug in der Hand und zieht mich langsam über. Wir waten durch das rote Leben zu einem Spiegel. Ich sehe mich. Wir sehen uns. Es ist alles wie vorher, aber ich spüre den Sargschlüpfer unter mir und sehe, wie mein rotes Leben durch den Kellerabfluss davonzieht. Der Schimmer der Qual legt sich über meine Sehnsucht.

Nicht mehr eins,
nicht mehr ich,
stoße ich ihn ab,
spüre diese Fremde,
gelange nicht zu ihr,
treffe sie in dem Gotteshaus,
und lasse sie richten.

In einem anderen Raum stehe ich bis zu den Knien in Silberfischchen. Es ist fast unmöglich, sich vorwärts zu bewegen. Irgendwann falle ich um. Blind. Gelähmt. Krümmend.

Eine Ewigkeit. Gezwungen, wie eine Tote zu erstarren.

Die eigenen Augen,
blicken weise in den Spiegel,
leise flüstern sie die Wahrheit,
die möglicherweise für das,
schon wieder vergangene,
jetzt zugetroffen sein mag,
aber es ist vorbei.

Plötzlich höre ich die Stimmen kleiner Kinder. Irgendwo aus der Ferne erschallt verzerrte Musik. Es ist das Lied, das meine Mutter immer sang. Von irgendeinem Willen angetrieben schlängele ich mich, begraben von dem Getier, unter eine Treppe.

In der Unterwelt,
kleben Zettel an den Augen.
Es sind die Spielregeln zum Verlust des Selbst.

Meine Therapeutin ist der wichtigste Mensch in meinem Leben

Claudia, 27

Meine Therapeutin ist meine beste Freundin. Ich wünsche mir so, dass meine Therapeutin mich mal in den Arm nimmt, dass sie mich versorgt, eine gute Freundin und Mutter ist. Sie ahnt ja gar nicht, wie wichtig sie für mich ist. Ich lebe von Termin zu Termin. Die Zeit dazwischen ist unwichtig, ich lebe nur in und für die Therapiestunden. Manchmal hat sie fünf Minuten länger Zeit für mich, dann weiß ich, dass sie mich mag und das nicht nur so sagt. Wenn ich eher gehen muss, bedeutet das, dass ich böse war. Ich darf nicht böse sein, sonst darf ich niemals wiederkommen. Sie ist meine beste und meine einzige Freundin. Gleichaltrige interessieren mich nicht, mit ihnen kann ich nicht reden, sie verstehen mich nicht.

Bevor ich eine Entscheidung treffe, rufe ich meine Therapeutin an. Ich frage meine Therapeutin immer, ob ich etwas machen soll oder nicht. Sie ist der einzige Mensch, der mich beraten darf. Sie ist etwas Besonderes, nicht so wie der Durchschnitt, denn sie mag mich. Keinen lasse ich so nah an mich heran wie sie. Wenn ich es ohne sie nicht mehr aushalte, stelle ich mir vor, dass sie bei mir ist. Ich stelle mir vor, dass sie abends an meinem Bett sitzt, damit ich die entsetzliche Angst, die immer da ist, wenn ich nicht einschlafen kann, nicht alleine aushalten muss. Ich stelle mir vor, dass sie mich niemals alleine lässt. Ich stelle mir vor, dass sie mich auf dem Weg in die Schule begleitet. Dann träume ich davon, dass sie im Bus neben mir sitzt und den Arm um mich legt, um mich zu beschützen. Dann bin ich ihre Tochter. Nur so schaffe ich es überhaupt, in die Schule zu fahren. Ich stelle mir vor, dass ich ihr alles erzählen kann, denn sie versteht mich, und nichts wird ihr zu viel. Dann führe ich in Gedanken lange Gespräche mit ihr. Manchmal verbringen wir so ganze Tage miteinander, und ich komme zu nichts anderem. Immer, wenn mich Leute ansprechen, werde ich sehr ärgerlich.

Warum stören sie mich in diesem wichtigen Dialog mit meiner Therapeutin?

Ich weiß, dass ich außerhalb der Therapiestunden nicht an meine Therapeutin denken darf. Ich merke das immer daran, dass ich Ärger mit meinen Eltern und in der Schule kriege, weil ich träume. Aber das stimmt nicht, denn in diesen Gesprächen mit meiner Therapeutin denke ich so viel über mich nach. Wenn es diese Gespräche nicht gäbe, wäre ich schon längst tot, weil ich oft so verzweifelt bin, dass ich nur noch sterben will. Nur weil ich ihr nicht egal bin, weil ich ihr nicht zu viel bin, weil sie der einzige Mensch ist, der sich für meine Gedanken interessiert, halte ich immer wieder durch bis zur nächsten Therapiestunde.

Keiner versteht, wie toll meine Therapeutin ist, denn ich kann keinem erzählen, wie viel sie für mich tut. Wenn ich mich ganz einsam fühle, »besuche« ich meine Therapeutin bei sich zu Hause. Klar weiß ich längst, wo sie wohnt. Ich würde natürlich niemals klingeln, aber an ihrem Haus vorbeizugehen beruhigt mich, denn wenn ich ihr Auto sehe, weiß ich, dass alles in Ordnung ist. Aber ich muss natürlich aufpassen, dass sie mich nicht sieht, denn ich darf ja eigentlich nicht wissen, wo sie wohnt. Ich beneide ihre Kinder, die ich gar nicht kenne. Wie gerne würde ich mit ihnen tauschen.

Wenn ich ihre Stimme hören will, rufe ich in ihrer Praxis an. Natürlich nur nachts, denn dann läuft der Anrufbeantworter. Ich kann den Text schon lange auswendig, ich kenne die Stellen genau, an denen die Stimme lauter oder leiser wird. Manchmal rufe ich drei- oder viermal hintereinander an, dann geht es mir besser. Eine Nachricht hinterlasse ich nie.

Sie darf niemals erfahren, was ich denke. Das ist schwierig, denn wenn ich endlich meine Therapiestunde habe, weiß ich immer gar nicht, was ich erzählen soll. Ich habe das Gefühl, dass ich meiner Therapeutin doch schon alles erzählt habe, und bin immer ganz erstaunt, was sie für Fragen an mich stellt, denn sie müsste doch eigentlich alles schon wissen. Am Anfang der Stunde ist sie mir immer ganz fremd. Dann ist sie weit weg, so kalt und gefühllos, ganz anders als in den Gesprächen in meinen Gedanken. Wenn ich endlich ein Thema gefunden habe, ist die Zeit meist herum. Immer gerade dann, wenn ich endlich das Gefühl habe, dass sie mich wieder versteht, muss ich schon gehen. Am liebsten würde ich einfach sitzen bleiben und immer, immer weiterreden, denn ich brauche meine Therapeutin. Sie ist der einzige Mensch auf dieser Welt, der mir Halt geben kann, ohne sie kann ich einfach nicht weiterleben.

THERAPIE IST WIE TELLER UND BESTECK FÜR HUNGRIGE MENSCHEN

GUIDO, 29

Ich möchte betonen, dass es sich hier um meine persönliche Meinung handelt. Viele psychisch Kranke haben sicherlich andere Erfahrungen gemacht.

Zwölf Jahre lang war ich bei unendlich vielen verschiedenen Psychiatern, Therapeuten und Psychologen, außerdem bei Sozialarbeitern, Heiltherapeuten und einfach allem, was sich so auf dem Therapiemarkt tummelt. Das Ergebnis kann ich nur als sehr enttäuschend werten.

Ich bin immer mit der Überzeugung zu einem Therapeuten gegangen, dass er ein Fachmann ist und dass er dazu da ist, mir zu helfen, und dass sich auf Dauer eine Verbesserung meiner Situation einstellen würde. Das passierte allerdings nicht.

Es heißt ja immer, der Patient erreicht in seiner Therapie nur das, was er sich selbst erarbeitet, und er muss Geduld haben. Praktisch sah das bei mir dann so aus: Über Jahre hinweg ging ich alle zwei Wochen zum Therapeuten. Ich hielt diese Zeit von allen anderen Terminen frei, hetzte von der Arbeit zur Therapiesitzung und war oft in Not, weil ich pünktlich sein wollte.

Ich dachte: Diese Therapie ist die Lösung. Das ist der Weg in ein glückliches Leben. Dann sprach ich fünfundvierzig Minuten mit dem Therapeuten und stand schließlich mehr oder weniger so schlau wie vorher auf der Straße. Alleine!

Wie soll ich aktiv an meiner Therapie mitarbeiten? Das hat mir kein Therapeut richtig erklärt. Ich habe mich geöffnet, habe dem Therapeuten einfach alles genau erzählt, was mich bedrückte. Eine Lösung war nicht in Sicht. Aber genau deswegen bin ich doch immer wieder dort hingegangen. Ich ging doch deswegen dorthin, weil ich alleine nicht weiterkam. Aber mit dem Therapeuten kam ich genauso wenig weiter. Der Therapeut holte mich nicht aus der Situation heraus, in der ich steckte.

Die Erkenntnis für mich war schließlich: Therapeuten sind auch nur Menschen. Viele sind zu unbeteiligt am Schicksal ihrer Patienten und können daher nicht helfen. Diese zweiwöchentlichen Gespräche brachten mir gar nichts. Ich vergleiche sie immer mit einem Helfer, der einem hungrigen Menschen einen leeren Teller mit Messer und Gabel gibt.

Lösungen musste ich letztendlich selber suchen und ausprobieren, und das ging ohne Therapeut genauso gut wie mit Therapeut. Auf all die Lösungsvorschläge, die mir Therapeuten gemacht haben, bin ich auch immer selbst gekommen.

Therapie war für mich sogar ein Betrug, weil ich immer mit der Hoffnung lebte, dass sich etwas verändern müsse, aber es änderte sich gar nichts.

Wenn man jemandem wie mir helfen will, dann muss wesentlich mehr erfolgen als bloße Therapie. Es müsste für mich ein Rundumprogramm stattfinden. Ich müsste vielleicht auch die Möglichkeit haben, einmal zwei Wochen bei diesem Helfer zu leben. Ein Therapeut muss mich auch einmal, wenn nötig, kräftig treten. Er müsste einfach da sein, wenn ich ihn brauche, und nicht alle zwei Wochen nach Terminkalender.

Ich habe den Eindruck, dass viele Therapeuten mich überhaupt nicht verstanden haben, weil sie einfach kein Interesse an mir hatten.

Die Leute, die mich wirklich weitergebracht haben, waren

Menschen, die mich mochten und Interesse an mir hatten. Alleine das Gefühl, verstanden zu werden, macht schon sehr viel aus. Ich ärgere mich heute, dass ich zu viel Wert auf Therapie gelegt habe.

Ich hätte einfach Entscheidungen treffen und durchziehen müssen. Einfach aktiv sein. Irgendetwas machen, bis man sich wohl fühlt, auch mal Lösungen ausprobieren, die auf den ersten Blick dumm erscheinen. Zum Therapeuten gehen hilft wirklich wenig bis gar nicht. Therapie ist einfach nur eine neue Form der Abhängigkeit, die nichts verändert.

FREUNDSCHAFT ODER THERAPIE?

CHRISTIANE, 27

Ich sitze im Wohnzimmer meiner soundsovielten Therapeutin und bestaune ihre geschmackvolle Einrichtung, während sie uns einen Kaffee kocht. Als in der Küche die Kaffeetassen klappern, steht plötzlich eines ihrer Kinder in der Tür und beobachtet mich. Noch ehe ich mich von meiner Überraschung erholt habe, höre ich: »Wer bist du?«, als Nächstes ertönt es: »Mama, was will die hier?« Ich stelle mich vor und weiß gar nicht, was ich weiter sagen soll. Ich hoffe, dass die Mama, meine Therapeutin, bald erscheint. Gleichzeitig beneide ich das Kind um seine perfekte Mutter.

Die stellt den Kaffee auf den Tisch und fragt das Kind, ob es sich einen Saft holen und sich dazu setzen möchte. Ich bin enttäuscht, denn ich hatte mir eine Unterhaltung unter vier Augen erhofft. Da ich in Gegenwart des Kindes keine ernsten Themen ansprechen möchte, mache ich eine flapsige Bemerkung über die Aufschrift auf dem Kaffeebecher; dort steht: »Normal ist langweilig«. Das Eis ist gebrochen, und plötzlich beginnt meine Therapeutin, mir einige witzige Begebenheiten von ihrer

Arbeit zu erzählen. Sie fragt nach meiner Meinung zu der ein oder anderen Sache, und ich erfahre eine ganze Menge darüber, wie sie ihre Kollegen, Angestellten, aber auch meine Mitpatienten einschätzt. Ich wundere mich zwar, dass ich als Patientin so etwas zu hören bekomme, freue mich aber auch, dass sie mir so viel erzählt.

Wir reden und reden, und irgendwann beginnt das Kind zu quengeln. Die perfekte Mutter wird sehr ärgerlich und schickt das Kind in sein Zimmer, woraufhin ich sie erstaunt angucke. Sie sieht meinen fragenden Blick und setzt zu einer Erklärung an. Plötzlich sind wir mitten in einem Gespräch mit umgekehrten Vorzeichen. Sie erzählt mir von ihren Schwierigkeiten mit der Erziehung des Kindes und den Problemen in ihrer Ehe. Auf einmal stelle ich fest, dass diese Frau, die ich bisher als so stark und klar in ihrem Auftreten erlebt habe, in ihrem Privatleben eine ganz andere Person ist. Es gibt scheinbar sogar einige Gemeinsamkeiten, geht es mir durch den Kopf. Probleme mit meinen Mitmenschen habe ich auch, bin ich also vielleicht gar nicht krank? Sie signalisiert mir ständig: »Ich bin wie du«, aber auch: »Erzähl mir nicht so furchtbare Dinge, ich kann es nicht ertragen, in die Abgründe deiner Probleme zu sehen, bitte tu mir nicht weh, ich habe doch selber Angst.« Wir scheinen fast eine Art Schicksalsgemeinschaft zu sein.

Da es spät geworden ist an diesem Abend, fragt sie mich, ob ich über Nacht bleiben wolle. Ich darf im Zimmer ihres älteren Kindes übernachten, das gerade auf Klassenfahrt ist. Die Situation ist unglaublich, und als ich im Bett liege und höre, wie langsam alle Geräusche im Haus verstummen, tauchen – neben dem Gefühl, etwas ganz Besonderes zu sein – eine Menge Fragen auf: Wie hat das eigentlich alles angefangen? Wie bin ich zu diesem Privileg gekommen? Warum hat sie gerade mich mit nach Hause genommen, sie hat doch noch viele andere Patienten? Weshalb hat sie mir schon nach der dritten Therapiestunde ihre private Telefonnummer gegeben, mit dem Hinweis, sie jederzeit anrufen zu dürfen? Ist das alles ein Traum? Was ist das bloß für eine Situation, das kann ich ja keinem erzählen, weil ... darf die das denn überhaupt ... und darf ich das eigentlich? Hätte ich nicht damals schon sagen müssen, dass ich die Telefonnummer lieber nicht haben wolle ... aber hätte sie mich dann nicht weggeschickt, weil ich ihre Hilfe nicht annehme? Ich komme zu keinem Ergebnis. Neben dem Gefühl, etwas ganz Besonderes zu sein, gibt es noch ein anderes Gefühl, das ich nicht einordnen kann.

In dieser Nacht träume ich: Ich laufe durch die Fußgängerzone einer großen Stadt. Plötzlich schiebt sich eine kleine, warme Hand in meine. Sie gehört einem kleinen Mädchen, ich kenne dieses Kind nicht. Es fordert meine ganze Aufmerksamkeit, und ich muss alles um mich herum ausblenden, um ihr gerecht zu werden. Plötzlich stehen wir in einem Haus mit mehreren Etagen und einem Dachgarten. Von einem Hausflur aus kann ich von oben in ein Restaurant schauen. Dort findet eine Betriebsfeier des Personals der Klinik statt, in der ich seit einiger Zeit Patientin bin. Ich beobachte die Szene fasziniert und hoffe, dass mich keiner bemerkt hat, weiß aber, dass das bereits passiert ist, und kriege ein ziemlich schlechtes Gewissen. Ich weiß schon wieder viel mehr als meine Mitpatienten, dabei bin ich da wirklich nur zufällig vorbeigekommen. Ich wusste nichts von dieser Feier, denn davon wurde den Patienten natürlich nichts mitgeteilt. Dass ich das nicht wusste, wird mir sowieso keiner glauben, und ich weiß, dass es Ärger geben wird. Ich gehe durch den Hausflur in die Wohnung einer Frau, die ich anscheinend schon lange kenne, aber irgendwie doch erst kurz. Trotzdem weiß ich so viel von ihr und über sie – zu viel. Ich wundere mich, dass sie zu Hause ist und nicht bei der Betriebsfeier. Ich sage ihr, dass ich jetzt gehen müsse, damit keiner merkt, dass ich da war, obwohl ich eigentlich viel lieber bliebe, weil ich mich dort sehr geborgen fühle. Ich teile ihr mit, dass zwei Mitarbeiter der Klinik auf dem Flur gestanden und sich unterhalten hätten, als ich vorbeigegangen sei, und dass ich sicher sei, dass sie genau registriert hätten, dass ich in Richtung dieser Wohnung gegangen bin, auch wenn sie mich scheinbar völlig ignoriert hätten. Ich weiß, dass es nach der nächsten Stationsübergabe eine

Menge Ärger mit dem Chefarzt geben wird, sowohl für mich als auch für diese Frau. Und genau diese Befürchtung teile ich ihr mit, worauf sie sehr bestimmt meint, dass ihr das egal sei. Sie sagt, sie stehe dazu. Aber ich spüre, dass sie eigentlich Angst hat und mir die Entscheidung, ob ich die Wohnung verlasse oder nicht, und damit auch die Entscheidung über ihr Schicksal überläßt.

Als ich am nächsten Morgen erwache, weiß ich erst gar nicht, wo ich bin. Dann fällt mir schlagartig ein, in was für eine merkwürdige Situation ich wieder mal geraten bin. Plötzlich steht das Kind meiner Therapeutin im Zimmer und will unbedingt mit mir spielen. Zu so etwas habe ich um diese Zeit eigentlich gar keine Lust, aber ich will ja nicht unhöflich sein. Nach dem Frühstück lehne ich das Angebot, noch ein wenig zu bleiben, weil doch Wochenende sei, mit einer freundlichen Ausrede ab. Als ich nach Hause gehe, bin ich sehr traurig und habe das Gefühl einer großen Leere in mir. Noch einmal denke ich über das nach, was ich in den letzten Stunden erlebt habe. Ich frage mich:

Warum rutsche ich immer wieder in solche Situationen hinein? Passiert das wirklich so subtil, dass ich gar nicht merke, dass ich schon wieder mitten in einer Rollenkonfusion stecke? Was habe ich denn an mir, dass gerade ich nun die private Telefonnummer, die Einladung nach Hause, das Angebot, bei dem Profi die Kinder zu hüten, oder die Putzstelle in seinem Haus bekomme? Warum habe ich auf diesem Weg sogar einen Ausbildungsplatz bekommen? Weshalb nehme ich diese Angebote immer wieder an, was fasziniert mich so an dieser Sonderrolle? Warum würde ich für meine Therapeutin alles tun? Selbst Putzen und Babysitten, obgleich ich nichts mehr hasse als das? Aus welcher Verzweiflung heraus handle ich immer wieder so? Wo habe ich so etwas bloß schon mal erlebt?

Wenn ich in der nächsten Therapiestunde wieder bei meiner Therapeutin sitze, werde ich mich nicht mehr so unbefangen äußern können, ich werde mir überlegen müssen, was ich sage. Schließlich will ich sie nicht verletzen und deshalb werde ich bestimmte Themen einfach weglassen müssen, denn in unserer Unterhaltung schien es doch gestern, als seien wir uns in manchen Dingen so ähnlich. Wieder mal habe ich durch den privaten Kontakt einen Profi verloren. Ich habe Angst, mich wieder auf jemand Neues einzulassen, denn wer sagt mir, dass das Spiel dann nicht von vorne losgeht? Sicher habe ich irgendwelche Signale ausgesandt, die etwas bei meiner Therapeutin ausgelöst haben, aber bin ich deshalb auch dafür verantwortlich, diese Grenzüberschreitungen zu kontrollieren? Vielleicht ist es ungeschickt von mir, in einer Unterhaltung mit meiner Therapeutin mein Interesse an psychologischen Verfahren oder Konzepten zu signalisieren, aber es ist einfach eine Verlockung, mit meinem Interesse an diesen Themen von einem Profi ernst genommen zu werden. Bin ich mit diesem Problem ein Einzelfall, oder machen andere Patienten vielleicht ganz ähnliche Erfahrungen? Ist es womöglich ein Therapiekonzept, Patienten mit nach Hause zu nehmen? Warum habe ich das schon in mehreren therapeutischen Beziehungen erlebt? Liegt es doch an mir?

Ich bin sehr verunsichert, und aus meinem Gefühlschaos heraus glaube ich, dass gleichzeitige Freundschaft und Therapie sich ausschließen. Irgendwann werde ich als Patientin wieder den Kürzeren ziehen, weil ich bei meiner Therapeutin plötzlich und unerwartet auf Grenzen stoße, mit denen ich dann nicht mehr rechne. Eine spätere Freundschaft nach Beendigung der therapeutischen Beziehung halte ich für durchaus möglich, wenn die Freundschaft gleichberechtigt bestehen kann. Ich glaube aber, dass diese Freundschaft nur dann wachsen kann, wenn beide ihre Grenzen klar benennen können, sodass es nicht mehr zu einer wechselseitigen Grenzüberschreitung kommt.

Der Clown

Ich schlendere in Gedanken versunken durch die Stadt. Meine Hände habe ich in meinen Taschen vergraben. Der Himmel ist tiefgrau und kleidet alles in eine triste Stimmung.

Vor einem Schaufenster mit Spiegeln bleibe ich stehen. Mein Blick streift unwillkürlich einen beschädigten Spiegel, der schräg und unauffällig inmitten all der anderen steht.

Die obere Hälfte ist herausgebrochen und die Halterschnüre hängen schlapp an den Seiten herunter.

Erst jetzt bemerke ich, dass ich die ganze Zeit versuche, mich in ihm zu spiegeln. Doch so viel ich auch hin und her springe, der Spiegel zeigt nie mein Bild. Alle anderen Spiegel werfen mir mein Abbild entgegen – nur dieser Spiegel nicht. Ich trete einen Schritt näher an das Schaufenster heran, damit mich die Spiegelungen in der Scheibe nicht mehr stören. Ich erblicke einen Clown in dem zerstörten Spiegel, einen lächelnden, bunten Clown, aus dessen Augen und Mund bunte Farben springen. Er steht auf einer großen Bühne und bringt das ganze Publikum in einem Riesenstadion zum Lachen. Seine Schritte sind leicht und unbekümmert. Lächelnd und winkend verabschiedet er sich von dem Publikum und verlässt die Bühne.

Der Spiegel schwenkt um und zeigt nun den Clown in seiner Kabine. Er entkleidet sich. Erstaunt sehe ich, wie viele Kleidungsstücke er ablegt, hinter sich fallen lässt, um – nur noch von einem weißen Hemd bedeckt – sich auf einen Hocker vor den Spiegel zu setzen. Sein Blick fällt in den Spiegel und zeigt ein bleiches, tristes Gesicht mit zwei großen durchsichtigen Augen. Seine Haare hängen matt herunter und unterstreichen die Unscheinbarkeit der Gesichtsformen. Schnell wendet er sich ab, springt auf und eilt aus der Kabine.

Es beginnt zu regnen, und die Tropfen verwischen seine Schminke, die langsam sein weißes Hemd und dann seinen ganzen Körper bunt färbt. Der Clown begrüßt den Regen mit offenen Armen. Den Kopf im Nacken huscht ein Lächeln über seine Lippen und lässt für Sekunden seine Augen glimmern.

Der Regen hat alle Farben fortgewischt, und sein Gesicht zeigt jetzt die gleiche Blässe wie sein magerer Körper, der unter dem durchsichtigen Hemd zu erkennen ist. Ein erschreckendes Bild, denn diesen Körper hätte ich unter seiner dicken Kleidung nicht vermutet. Erschöpft lässt der weiße Clown sich in eine Pfütze fallen, rollt sich zusammen und schläft ein.

Im nächsten Bild des Spiegels ist der Clown erneut auf der Bühne, in einem winzigen Theater. Er lächelt und schreitet an den vorderen Rand der Bühne. Dort beginnt sein Mund zu zittern und verformt sich zu einem geraden Strich. Ein Kleidungsstück nach dem anderen legt er vor meinen Augen ab, bis er ganz nackt dort kniet. Ein Entsetzen packt mich – dies vor all dem Publikum zu tun.

Mit einem Schwamm wischt er sich alle seine Farbe aus dem Gesicht, schließt die Augen und wirft Kleidung und Schwamm von der Bühne.

Nun erst bemerke ich, dass es bei dieser Vorstellung gar kein Publikum gibt. Nur ich stehe in der grauen Stadt vor dem Schaufenster eines Spiegelgeschäftes.

Ein gehetzter Mann rempelt mich an, und ich schaue auf die Tür. Spontan schreite ich auf sie zu, um den Spiegel von Nahem zu betrachten. Ich suche ihn, und als ich vor den zerstörten Spiegel trete, erblicke ich mein Spiegelbild. Sofort wende ich mich ab, eile aus dem Laden, schiebe meine Hände in die Taschen und irre in Gedanken versunken durch die tristen Straßen der Stadt.

DEN ROTEN FADEN SUCHEN

Den roten Faden meines Lebens suchen.
Leben portionieren.
Stückchenweise verabreichen –
oder genießen?

Meine eigene Geschichte auf eine
erträgliche Größe reduzieren,
um sie erinnern zu können, ohne zu verzweifeln.
Auch mit Stolz zurückblicken?
Teile verschweigen, um endlich als normal zu gelten,
um geliebt zu werden – trotz dieser Geschichte!

Sie erzählen, um gehört zu werden, aber auch,
um mal frei zu haben von der eigenen Geschichte.
Sie einfach ins Bücherregal zu stellen –
vielleicht bis zur nächsten Lesung.

Immer in der Hoffnung,
dass meine Geschichte eine unendliche Geschichte wird.
Immer mit dem Wissen,
dass auch eine Krankengeschichte eine
unendliche werden kann.
Jeden Tag
Angst vor dem dramatischen Ende meiner Geschichte.
Jeden Tag
Hoffnung auf ein Happy End.

Christiane, 27

ÜBER K. UND DIE WAHL
DER RICHTIGEN SPEISE

EVA, 19

K. hatte großen Hunger, fand aber nichts. Eines Tages besah sie sich ihre Finger, stellte sich ganz fest vor, sie wären eine leckere Speise, vergaß ihren Schmerz und aß sie auf. Plötzlich tauchte über ihr ein Hühnchen auf, sie konnte aber leider nicht mehr danach greifen. Das vergrößerte nur ihren Appetit, woraufhin sie auch Arme, Füße und Unterschenkel hinunterschlang. Da sah sie in der Nähe einen Apfelbaum, sie konnte jedoch nicht mehr hinlaufen. So aß sie weiter sich selbst, bis ihr Magen platzte und damit das, was von ihrem Körper übrig geblieben war. Nun war K. von ihrem Hunger erlöst und von sich selbst auch. Der König sprach: »Hatte weder die Welt noch irgendeinen anderen Menschen gesehen und kannte nur Schmerz.« Die anderen antworteten im Chor: »Wie schade!« Dann brachen sie schnell auf. »Kommt, lasst uns zum Leichenschmaus gehen. Wir wollen feiern. Das Leben geht weiter.«

DER ZUG

LUNA, 15

Es ist schon komisch, so zu leben, wie man es nie gewollt hat. Mit 14 von zu Hause ausgezogen. Drogenkonsum, Psychiatrie, verschiedene Heime und Schutzstellen, WGs und letztendlich die eigene Bude, die ich zu meinem Bedauern mit meiner Betreuerin teilen muss. Ein verdammt komisches Leben.

Als ich in die erste Klasse kam, hätte ich nie gedacht, dass ich einmal als magersüchtige Hure meine Freizeit organisieren muss. Schon Scheiße, wenn man einen reichen Alki als Dad hat, der nur darauf wartet, dass seine Tochter nach Hause kommt, um sie mit dem Staubsauger zu verprügeln. Ich hatte mir so sehr gewünscht, dass alles gut läuft. Ich träumte von einer glücklichen Kindheit und Jugend, von einem Freund, der mich mit seinem Auto abholt, um dann mit Freunden – die natürlich alle aus gutem Haus kommen – Abendessen zu gehen. Ja, es war schon eine Erfahrung wert, einiges durchzumachen.

Sobald es gefährlich wurde und ich drohte ganz, ganz tief abzustürzen, waren da Menschen in meinem Kopf, die mich gestreichelt, gehegt, geschlagen oder gefoltert haben. Manchmal schrien sie förmlich nach mir. Sie wollten mich, und ich wollte sie ganz nah bei mir haben, sie riechen, fühlen und schmecken.

Auf jeden Fall war es weder ein Scherz noch ein dummer, kindlicher Hilfeschrei, als ich versuchte, mich umzubringen.

Ich schenke euch Verachtung. Es gibt viele, auf die ich scheiße, wenige, die ich wirklich vom innersten Herzen und auf Ewigkeit liebe, aber es gibt sie, und ich danke ihnen. Sie wissen, dass es besser ist, zu akzeptieren als zu verstehen.

Viele Reisen auf farbenfrohen Wegen, die manchmal einem Orgasmus, manchmal einem Absturz glichen, haben mich zu der Erkenntnis gebracht: Mein Leben ist eine Berg- und Talfahrt der Gefühle. Und niemand stoppt den Zug. Er hört einfach von alleine auf zu fahren.

Eine ganze Zeit lang war ich fest davon überzeugt, keine Liebe zu spüren. Ich war wie verzweifelt auf der Suche nach dem Mann, der mich vögelt, ohne dass ich Schuldgefühle oder Geld bekomme. Er ist nie aufgetaucht. Ich würde auch nicht sagen, dass ich gelernt habe, mich an Kleinigkeiten zu freuen. Der tägliche Konsum von Drogen hat mich gierig gemacht. Zu gierig, um irgendwas zu lernen. Drogen sind etwas, auf das ich mich nicht immer und immer wieder verlassen möchte, große Schwester.

Mit der Zeit kriegt man einfach mit, dass zum Beispiel Kiffen in der Bude bei Regen lange nicht so viel Spaß macht, wie wenn man bei schönem Wetter auf einer Wiese voller Blumen und

Freaks sitzt. Natürlich braucht ein Mensch viel Fantasie, sonst wäre das Leben nicht lebenswert. Ich habe auch erst durch LSD erfahren, dass es tierisch geil ist, sich mit Jim Morisson zu unterhalten. Die Sonne hat etwas zu sehr in mein Gehirn reingestrahlt.

Viele würden mich als introvertiert und traurig bezeichnen. Aber ich bin so verdammt glücklich, wenn ich alleine in meinem Zimmer hocke und vor mich hinträume. Es ist ein zufriedenes Gefühl, alleine zu sein. Man braucht sich keine Gedanken über das spießbürgerliche Leben zu machen. Über gar nichts muss man da nachdenken, um wirklich glücklich zu sein.

In meinen Träumen habe ich mich schon x-mal mit Janis Joplin besoffen. Selbstmord ist wie eine bunte Bonbonkiste. Du kannst wählen zwischen Messer und Knarre. Ist es nicht so, als ob man sich zwischen Nuss und Marzipan entscheiden muss? Ja, wenn man erst mal auf den Geschmack gekommen ist, kann man gar nicht mehr aufhören. Das Gute daran ist, dass es auch noch Schokolade, Trüffel, Kokos, Alkoholfüllungen etc. gibt. Für jeden Geschmack ist etwas dabei. Ich glaube, sie haben mich nicht gehört, niemand hat mich gehört, gesehen oder gefühlt, als ich schrie. Niemand hat das Zittern und Beben mitgekriegt. Ich denke, es war okay so. Niemand hätte es sich verdient, irgendetwas von meiner Trauer oder Trostlosigkeit mitzukriegen. Ich habe viele Zeichen gegeben, dass etwas nicht stimmt. Diese Zeichen waren für mich, um mir klarzumachen, dass es das Richtige ist. Oft hat man mich angesprochen. Ich wurde oft gefragt, ob alles in Ordnung sei. Nein, nichts ist klar, aber ich gebe den Menschen nicht das Recht, sich in meine Depressionen einzumischen. Sie sind zu mir gekommen, weil sie sich bei mir wohl fühlen. Ich werde sie niemals hergeben. Ich sitze am Strand und warte auf den Sonnenuntergang, um mir 'ne Tüte zu rauchen. Es wird kühler und später. Ich habe keine Uhr dabei, um weder an den heutigen Tag noch an die Zivilisation denken zu müssen. Nein, ich sitze nur hier und warte auf den Tag, an dem Haschisch legalisiert wird. Dann lohnt es sich, aufzustehen, um nach Hause zu gehen.

Glockenklänge & Lügen

Marc, 18

Elfen die zu den Sternen zieh'n,
Zauberstäbe & Hexenmagien.
Der Zaubertrank regt die Seele an,
schweifet ab, schweifet ab, der Bann hat Euch gepackt.
Die weiße Orchidee liegt trauernd auf dem Sarg,
für Menschen ein gewöhnlicher Tag.
Schreitet vor, schreitet vor,
sehet dies gigantische Tor.
Weißes Licht bringt Hoffnung und Mut,
gewiss mein Herr, an ihrem Schwert klebt Blut.
Sehet die Pflanze in ihrem sinnlichen Grün,
Sonne und Nächte bracht'n sie zum Blüh'n.
Oh sehet den Wolf in der Ferne, höret, wie er über uns lacht.
Er kennt gewiss unser Leid,
der Hunger trieb ihn wohl zu weit.
Sie glauben an Gott und was er vollbracht,
er gab uns seine dunkelste Nacht.
Ihr Kinder, fühlt Ihr, fühlt Ihr das Rentier.
Es will hinaus in die weite Welt,
strömet aus, bevor der Hund nach Euch bellt.
Hey Ihr, habt Ihr es registriert, habt Ihr es gespürt,
wie die Droge in Euch vibriert?
Vergiftet Deinen Körper im Nu,
zu Ende führen die Geschichten musst Du.
Klaut der Pluto dem Mars die Erde,
stirbt der Löwe samt seiner Herde.
Genug vom sterblichen Lachen,
am Schluss tragen Euch die bunten Drachen.
Die Zeit schleudert rasch an Dir vorbei,
am Ende ein Planet namens »High«.
Goldenes Lametta gießt von den Bergen,
Dein Körper beginnt nun zu sterben.

Die Uhren des Lebens, wo sind sie geblieben,
der reine Geist hat sie vertrieben.
Die Natur in ihren lieblichen Farben durchbluten das Land,
die Freiheit liegt in des Schicksals Hand.
Hormone, die sonst dressiert,
stehen vor sich selbst, spiegelverkehrt.
In den Algen leben geheimnisvolle Wesen,
Leute kehren sie fort mit einem nageligen Besen.
Oh Glück, oh Glück der Magie,
schlag mich hinaus in eine andere Galaxie.
Auf der zweiten Seite des Lebens,
existiert nicht die Zeit des Nehmens, sondern des Gebens.
Alles scheint sich zu drehen,
das Kind meldet sich durch starke Wehen.
Schauet, schauet dies kindliche Lächeln,
wer könnte dieses Bild zerbrechen.
Aus den Sümpfen steigen bittere Dämpfe empor,
Schönheit und Sinnlichkeit fallen fort durch die Zeit.
Glockenklänge & Lügen,
die Realität beginnt Dich wieder zu belügen.

SIEGER SEIN IM LEBEN

REBEKKA, 17

Ich war leer. Zu jener Zeit, vor fast genau drei Jahren, lebte ich zu Hause alleine mit meiner Mutter. Meine drei älteren Geschwister waren bereits ausgezogen und plötzlich war mir ihr Halt entzogen.

Zur selben Zeit brannte mein Vater mit irgendeiner Frau irgendwohin durch und ich war leer. In mir zog sich alle Verzweiflung und Traurigkeit zu einem entsetzlichen Schmerz zusammen. Aus dem »Möbbelchen« wurde eine schlanke Person, die mit viel Lob bedacht wurde. Aber bald wurde aus Anerkennung Sorge und Angst. Es waren 25 kg in fünf Monaten völliger Ohnmacht und Hilflosigkeit, die meine ganze Familie in Aufruhr versetzte. Es ging so weit, dass ich mich völlig passiv im Krankenhaus wiederfand und nichts dagegen einzuwenden hatte, an Kabeln zu liegen und zu wissen, dass ich fast gestorben wäre.

Mich erreichten Karten, Briefe und Blumensträuße von Freunden, die nichts verstanden, aber helfen wollten. Es folgte die Tagesklinik, in der ich mich geborgen fühlte und Schutz hatte vor der kalten Welt. Dort entlassen, begann wieder meine starke Konzentration auf das Essen. Ich fühlte mich einsam und wollte alleine sein. Einsamkeit macht hungrig nach etwas, was ich nicht erkennen konnte. Ich begann zu essen, völlig wahllos, bestrafte mich aus Verzweiflung mit Abführmitteln, die mich seelisch und körperlich völlig kaputt machten.

Ein erneutes Mal bekam ich die Chance in der Tagesklinik, wo beschlossen wurde, dass der Auszug aus der Wohnung meiner Mutter das Beste sei. Wehmütig verabschiedete ich mich aus der Tagesklinik. Mit großen Erwartungen zog ich ins Internat. Währenddessen entdeckte ich die Liebe zu einem alten Freund und stürzte mich in zwei getrennte Welten. Die Woche über zog sich mein Leben so hin mit Essproblemen und Schule, und am Wochenende verbrachte ich die Stunden mit meinem Freund.

Beide Welten klafften auseinander, und meine Einsamkeit in der Woche wuchs so sehr, dass meine Essattacken mein Leben dominierten. Dank meines Freundes konnte mein Konsum von Abführmitteln gestoppt werden, dennoch belasteten zu viele Erwartungen und Probleme unsere Beziehung, sodass sie zwangsläufig zerbrach.

Nun stand ich plötzlich mit völlig leeren Händen auf dieser Welt. Doch ein neues Schuljahr fing an, und ich begann meine Augen zu öffnen für mein Umfeld und mich selber. Mein Freundeskreis erweiterte sich schlagartig durch meine nun so offene, freie und leichte Art. Mein Alltag wurde bunter, ich begann zu kämpfen für mich und mein Leben. Bei all diesem Trubel rückte das Thema Essen von Tag zu Tag mehr in den Hintergrund, und mit jedem Lächeln gewann ich mehr und mehr.

Auch die Zeit des »Betreuten Wohnens« hatte ich bald hinter mir und konnte mich auf eine eigene Wohnung freuen.

Auch wenn die Planungen für die eigene Wohnung doch eher stressig als freudig waren, habe ich das Ziel meines dreijährigen Kampfes erreicht und bin den letzten Schritt zu einem eigenen Leben gegangen.

Aber die kleine Wohnung, die nun plötzlich die meine sein sollte, in der so viele neue Möbel standen, die wie selbstverständlich mir gehörten, schien mir so fremd, und ich war wieder einsam und fühlte mich klein und hilflos.

Durch diesen Schritt, der für mich sehr bedeutend war, veränderte ich mich erneut. Eine Veränderung war Bedingung für ein zufriedenes Leben in diesem neuen Umfeld.

Ich merkte, wie mir alles aus den Fingern zu gleiten schien, und begann, Ordnung zu schaffen und ein System in mein Chaos zu bringen.

Meine Leistungen in der Schule haben mich knapp vor der Ehrenrunde bewahrt und mich damit vor einer Sorge gerettet. Bei meinen Freundschaften ist meine persönliche Rettungsaktion nicht so glimpflich verlaufen. Sie forderte ein Opfer, meinen alten Freund, der meine persönliche Entwicklung nicht nachvollziehen konnte und mich zu sehr einengte und festhielt.

Nach drei Monaten in meiner eigenen Wohnung bin ich aber inzwischen glücklich und zufrieden mit dieser Entscheidung, die mich viel Kraft gekostet hat. Viele Freundinnen »versüßen« meinen Tag, und Amors Pfeil hat einen Jungen getroffen, der das Problem mit den einsamen Abenden gelöst hat.

Natürlich habe ich noch Probleme mit meiner Mutter, die mich nicht loslassen kann und sehr oft traurig ist über meine harte Art. Der Kontakt und die Beziehung haben sich aber deutlich verbessert. Hin und wieder ertappe ich mich dabei, wie ich sie ins Theater einlade und mit ihr einen lustigen Abend verbringe, auch wenn er natürlich Diskussionen beinhaltet.

Ich bin überzeugt davon, dass mir diese »leere Welt« nie mehr zu einer »fremden Welt« wird. Ich weiß aber auch, dass diese Leere in mir nie richtig fort sein wird, und ich beschütze diese Traurigkeit ganz tief in mir und versuche sie, einen Teil sein zu lassen in meinem Ganzen.

Es war ein schwerer, harter Kampf, und obwohl ich nicht weiß, was morgen sein wird, kann ich für heute sagen, ich habe gewonnen.

ENDLICH FREI –
WAS FANG ICH MIT DER FREIHEIT AN?

ANNA, 28

Nachdem ich vierzehn Monate in der Psychiatrie untergebracht war, hat das Thema Freiheit einen besonderen Stellenwert in meinem Leben. Oft verglich ich die Klinik mit einem Gefängnis, kein Wunder, denn ich wurde von strengen Gruppenregeln, Patientenverträgen und Ausgangssperren regelrecht überrollt. Man nahm mir nicht nur die Verantwortung, sondern auch jegliche Freiheit, die eine 19-Jährige im Normalfall besitzt. Vor dem Aufenthalt war ich so stolz auf meine Selbstständigkeit, in der Klapse besaß ich den Handlungsspielraum eines Kleinkindes.

Der Auszug aus der Kinder- und Jugendpsychiatrie fiel mir schwer, trotz meiner Freiheitsliebe sah ich die Schwierigkeiten, die mit dem Schritt nach draußen verbunden waren. Mit Tränen in den Augen steuerte ich einer ungewissen Zukunft entgegen und versuchte das uneingeschränkte Leben zu genießen. Fortan war ich keine verrückte Patientin mehr, sondern eine Untermieterin in einem Privathaushalt, und tausend Zettelchen der Vermieterin erinnerten mich an die dortigen Hausregeln. Wo war die ersehnte Freiheit? Führte mein Weg aus dem Gefängnis direkt in den nächsten Käfig? Ich konnte die Käfigstäbe nicht durchbrechen, die Suche nach einer anderen Bleibe war aussichtslos, und so ertrug ich die Enge widerwillig.

Meinem unerbittlichen Bewegungsdrang nachgebend, lief und radelte ich Kilometer um Kilometer. Fernab von meinem kleinen Zimmer genoss ich die frische Luft, erlebte ganz intensiv die Jahreszeiten und fand in der Natur die nötige Ruhe, um mir Gedanken über meine Lebenssituation zu machen.

Gleichzeitig fühlte ich mich einsam und isoliert, ich fand keine neuen Freunde und vermisste Gesprächspartner. Folglich nahm ich Kontakt zu früheren Mitpatienten auf und musste feststellen, dass sie nach der Entlassung abstürzten. Sie bevorzugten die Sicherheit der Psychiatrie und nahmen selbst die Konsequenz einer geschlossenen Station in Kauf. Mit Erschrecken stellte ich bei einem Besuch fest, dass ich auf die Therapiestunden und die Aufmerksamkeit, die sie bekamen, neidisch war. Doch spätestens, wenn wieder eine Stahltür hinter mir zuschlug, wusste ich, dass ich für nichts in der Welt meine Freiheit aufgeben wollte.

Draußen atmete ich die frische Luft ein, spürte den Wind und lief in Gedanken versunken nach Hause.

Schließlich fragte ich mich: Was ist mir in meinem Leben wichtig? Wie möchte ich mein weiteres Leben gestalten?

Auf der Suche nach dem Sinn des Lebens stieß ich auf Sartre, und seine Worte erleichterten mich, sie trösteten und erschreckten mich zugleich. Sartre sieht, dass der Mensch verurteilt ist, frei zu sein, er ist unfreiwillig auf der Welt, muss sein ganzes Leben lang Entscheidungen treffen und ist für sein Handeln verantwortlich. Es ist tröstlich, zu wissen, dass ich in Freiheit lebe, mein Leben in der Hand halte und es eigenmächtig beenden darf. Ich habe die Möglichkeit, zu gehen, wenn ich die Verantwortung nicht mehr ertrage, wenn ich einfach zu müde bin, um Entscheidungen zu treffen.

Zwischen Verzweiflung und Hoffnung hin und her gerissen, verbrachte ich die folgende Zeit isoliert in meinem Zimmer. Die Kontaktaufnahme zu meinen Mitmenschen fiel mir immer schwerer, ich ließ keinen an meinen Gedanken teilhaben. Ich befand mich in einem Strudel beängstigender Gefühle und sah ein, dass ich Hilfe brauchte, also entschloss ich mich zu einer ambulanten Therapie.

Nach langen Geduldsproben und einem kämpferischen Einsatz bekam ich endlich die Notwendigkeitsbescheinigung, überzeugte die Krankenkasse zu zahlen und fand die richtige Therapeutin. Unmissverständlich machte mir die neue Psychologin klar, dass ich für die Themen der Therapiestunden verantwortlich sei und die Freiheit habe, alles anzusprechen. Im Nachhinein kann ich sagen, dass ich nicht bereit war, meine Gefühle zu zeigen, alle unberechenbaren Energien befinden sich hinter dicken Mauern, und solange ich nicht in der Lage bin, diese Mauern einzureißen, ist jegliche Therapieform uneffektiv.

Inzwischen geht es mir hinter der Mauer ganz gut, ich habe eine kleine Wohnung, mein Beruf bedeutet mir viel, und ich habe meine eigene Lebensstrategie. Aus der engen Psychiatrieglasglocke entlassen, möchte ich heute möglichst weit über den Tellerrand schauen und meine Freiheit genießen, die es mir ermöglicht, die ganze Welt zu bereisen. Meine damaligen Träume von Indien, Ägypten und anderen fernen Ländern habe ich schon verwirklicht. Mich interessieren andere Kulturen sehr, ich sauge die neuen Eindrücke auf und lebe mit meinen Erinnerungen. Für mich selber hoffe ich, dass es keine Flucht ist, sondern eine Suche nach Wärme und Geborgenheit. Vielleicht finde ich eines Tages mein Zuhause, vielleicht lasse ich mich irgendwo nieder, vielleicht reise ich aber auch mein ganzes Leben lang und treffe unterwegs interessante Menschen, die mich immer wieder neu inspirieren.

Schwarz ist eine warme Farbe

Eva, 19

»Friss oder stirb.« Es ist die Stimme des Wächters, die das Grau der Mauern leicht vibrieren lässt und die schwere, kalte Luft wellenartig im Raum hin und her schiebt. Auch scheinen die Wassertropfen, die emsig ihre grün bemooste Bahn verfolgen und auf dem Steinboden diese gammelig-heimelige Feuchte verbreiten, sich zu beschleunigen. War das ein Ton oder nicht? Stille kann viel schlucken. Der Stillstand sieht jede Bewegung sowieso als ein nichtiges, vorübergehendes Phänomen an, über das er sicher siegen wird. Stille wiegt schwer: »Das Nichts ist gefräßig. Das Leben ist ein Spiel.«

Trockenes Lachen wirft Falten auf die Haut, und der Putz scheint sich zu lösen. Vielleicht war es die Schärfe im Lachen, da die Wände überall reißen zu einem gespenstischen Mosaik und milchiges Wasser aus ihnen hervorbricht, als würden sie bluten. Helles, kaltes Licht schneidet Röhren in die Luft, facettenreiche Lichtbrechungen an Wassertropfen geben ein lautloses Konzert. Wo bleibt da die schwere Ruhe, die er so liebte wie der Gärtner feuchte, fruchtbare Erde? Schwarz ist eine warme Farbe.

»Wessen Spiel denn?«, fragt der Gefangene, so lange hatte er nicht gesprochen, dass er meinte, jedes Wort würde ihm die Brust zerreißen, und unter seiner Stimme würde sein Körper sicherlich platzen.

Oh, siehe da, es kommt sogar Antwort, gesendet vom anderen Ende der Welt zu ihrem verstecktesten Eckpunkt. Eine Stimme durchbohrt ihn: »Das Spiel vom Atom mit dem Nichts! Und der Masse mit dem Nichts! Von dem Punkt mit der Unendlichkeit! Und der Eeeeneergiiie und der Trääägheit! Ebenso der Moment mit der Ewigkeit, die Ordnung mit dem Chaos, der Vogel mit dem Wurm ... Kurz gesagt, Sein und Nichtsein vertragen sich, da sie abhängig und fasziniert voneinander sind und beschließen zu tanzen in unzähligen Variationen!«

»Wer bin ich?«, fragt der Gefangene mit eigenartig hervor-brechenden, bröckeligen Worten.

»Du bist Spieler und Spielbrett! Du bist Parkett und Tänzer! Alles ist in jedem! Und jedes ist in allem! Jeder kleinste Teil ist eine Widerspiegelung des Ganzen, insofern gibt es kein oben und unten, kein klein und groß, kein schlecht und gut. Absolut frei bist du, wenn du dich vollkommen eingebunden hast!«

In harten, schnell pulsierenden Stößen zirkuliert das Blut des Gefangenen wie Lava in einem Vulkan unter seiner Jahrmillio-nen alten Decke aus bleichem Moder und durchsichtigem, tro-ckenem Staub. Manche seiner Regungen sind langsam und schwerfällig, wie ein erwachsenes Tier, manche quirlig und drängend wie ein schneller Wasserlauf. »Was soll ich machen, wenn ich frei bin?«, fragt er weiter inmitten des Aufruhrs.

»Ach, geh' und grüß' den ersten Stein am Wegesrand, er ist genauso wie du, nur anders!«

Der Wächter räumt das Geschirr ab und geht. Der Gefange-ne aber packt seine Sachen und tritt mit Leichtigkeit durch ei-nen Millimeter großen, lichtgefüllten Mauerspalt ins Freie. Al-les ist weit und voller glitzerndem frischem Schnee. Er weiß nichts mehr. Er hat auch keine Namen mehr. Eine riesige Men-ge Luft durchschwimmt er, deren kraftvoller Strom jeder Faser seiner Lungen den Modergeruch austreibt. Eine beglückende Erfahrung zu atmen, die sich selbst vollkommen genügt.

Plötzlich erkennt er die Musik der Schneeflocken, mit einer Kraft, die er nie für möglich gehalten hätte, wird er von ihrem Spiel ergriffen, er will unbedingt unter ihnen sein. So wirbelt er daher über unzählige Landschaften mit ganz eigenen Gerüchen, Formen und Farben und nähert sich ganz langsam dem Boden. Irgendwann legt er sich nieder und lernt die Erde kennen, ein massiger, warm bewegter Schoß. Der Frühling kommt, der Schnee schmilzt und durchdringt die Erde bis auf den Grund, wo er sich in kristallklaren, frischen, viel verzweigten Strömen wieder vereinigt und im Innern der Erde den Stein zu weichen Formen abschleift, um irgendwann aufgesogen zu werden und im Grün eines Blattes den Wind zu spüren.

ANWEISUNG AN DIE ÜBERLEBENDE

EVA, 19

Beginne den Tag mit einem Lächeln,
damit die Tür nicht zersplittert,
wenn Du sie aufmachst,
im Boden kein Loch zurückbleibt,
wenn Du gehst.
Damit das Glas nicht zerspringt,
wenn Du trinkst,
und die Tür nicht verschwindet,
wenn Du sie hinter Dir zufallen lässt.

Weil es dann keinen Rückweg mehr gäbe
und Du
Dir einen kleinen Platz zum Schlafen einrichten müsstest
auf Scherben, Splittern und Löchern,
die alle ihre Spuren an Dir hinterlassen,
sodass Du
Dich morgens von ihnen gar nicht mehr erheben kannst
vor Schmerzen, ganz zerfurcht, entstellt,
wie Du bist.

Du wirst Dir dann ein Haus bauen, dort
in Deinem eigenen Blut baden
und auf Kissen aus Deinem eigenen Fleisch schlafen,
damit es nicht so hart ist.
Deine Nächte werden ein einziges graues Band werden,
wenn Du dem Tod die Axt zu rauben versuchst.
Im Grunde bist Du zu klein, sie zu tragen.

Und spiele nicht das grausam-faszinierende Kaleidoskop-Spiel
mit Dir,
denn vergiss nicht,
Du einsamer Verwalter Deines zerfallenen Antiquariats,
nur Scherben,
auf denen manchmal noch ein Lächeln liegt,
das eigentlich nirgendwoher kommt.
Ein fremdes Tuch
auf zertrümmerter Landschaft.

Oh, Eva, how awful, how terrible!
Erde is a Jammertal for people who look for it!

Lücken im Lebenslauf

Ich erlebe es als äußerst schwierig, Menschen,
die mir fremd sind, zu erklären, aus welchem Grund
ich mit 23 Jahren in der 11. Klasse bin und was ich
vorher gemacht habe. Die Frage kommt immer,
denn so oft kann man nicht sitzen geblieben sein.
Wie soll ich jemandem eine verständliche Erklärung geben,
ohne gleich meine ganze Lebensgeschichte zu offenbaren?

LÜCKEN IM LEBENSLAUF

SANDRA, 23

Eine gewisse Zeit meines Lebens verbrachte ich in einer psychiatrischen Einrichtung, ich mache heute noch ambulant Therapie. Folglich habe ich mit Vorurteilen zu kämpfen, die in den Köpfen meiner uninformierten Mitmenschen herumspuken.

Da durch meine häufigen Psychiatrieaufenthalte Lücken in meinem Lebenslauf entstanden sind, ist bei Vorstellungsgesprächen (bis jetzt nur für Praktikumsstellen) immer eine Erklärung nötig. Ich kann sagen, dass ich die besten Erfahrungen gemacht habe, wenn ich mit offenen Karten gespielt habe, zu meinen Krisen stand. Im Grunde gibt es wohl kaum einen Menschen, der nicht schon einmal in einer Krisensituation gewesen ist. Wenn man seinem Gegenüber klarmachen kann, dass die Krise vorbei ist und man wieder mit beiden Beinen im Leben steht, hat man gute Chancen.

Äußerst ungünstig ist es, irgendeine Lügengeschichte zu erfinden, denn in eben solchen verstrickt man sich bekanntlich sehr leicht.

Für mich gehören meine Psychiatrieaufenthalte und meine Krisenzeiten zu meinem Leben. Mit dem heutigen Abstand kann ich sogar sagen, dass ich durch diese schweren Zeiten viel gelernt habe, sowohl über mich und mein Leben als auch über meine Mitmenschen und das Leben im Allgemeinen.

Diese Erfahrungen haben mich sensibel gemacht für das, was in meiner Umgebung passiert. Da ich mich nun auch für einen Beruf im sozialen Bereich entschieden habe, sind mir meine Erfahrungen schon des Öfteren von Nutzen gewesen. Zurzeit bin ich in der 11. Klasse der Fachoberschule für Sozialwesen und muss im Rahmen dieser Klasse ein Praktikum im sozialen Bereich machen, das ich in einem Heilpädagogischen Zentrum für geistig Behinderte absolviere. Manchmal habe ich das Gefühl, die Situation der mir Anvertrauten besser nachvollziehen zu können, da ich selbst schon in ähnlichen Situationen gesteckt habe. Kurz: Psychiatrieaufenthalte können ein Leben nicht nur negativ beeinflussen.

Leider stellt auch für mich meine Psychiatrievergangenheit oft ein Problem dar, vor allem im privaten Bereich. Ich erlebe es als äußerst schwierig, Menschen, die mir fremd sind, zu erklären, aus welchem Grund ich mit 23 Jahren in der 11. Klasse bin und was ich vorher gemacht habe. Die Frage kommt immer, denn so oft kann man nicht sitzen geblieben sein. Wie soll ich jemandem eine verständliche Erklärung geben, ohne gleich meine ganze Lebensgeschichte zu offenbaren?

Bis heute habe ich keine Lösung für solche Situationen gefunden. So habe ich immer noch Angst vor der Fantasie meiner Mitmenschen, die, wenn ich nichts erkläre, die wildesten Gerüchte in Umlauf bringen.

VON DER BUNDESWEHR AUSGEMUSTERT

GUIDO, 29

Als ich mit 15 aus der Klapse kam, hatte mein Bekanntenkreis Mitleid mit mir. Mitschüler waren plötzlich ein bisschen netter zu mir als vorher. Alle wussten oder ahnten, wo ich gewesen war, aber niemand sprach mich direkt darauf an. Das wäre eine große Hilfe für mich gewesen. Denn ich konnte damals nicht die Initiative ergreifen und über die Zeit in der Kinder- und Jugendpsychiatrie reden.

Von der Bundeswehr wurde ich ausgemustert. Das war ein Knackpunkt, denn als ich auf Lehrstellensuche ging, kam immer die Frage: »Waren Sie beim Bund?«

Ich wusste nicht, was ich dem jeweiligen Lehrherrn darauf antworten sollte. Mein Psychiater riet mir, einfach die Wahrheit zu erzählen. Das tat ich dann auch und wurde immer wieder abgelehnt.

Mit der Auskunft »Ich war in der Psychiatrie« können die wenigsten positiv umgehen.

Es kommen sofort Ängste auf, und es wird deutlich, dass noch immer ein falsches Bild von der Psychiatrie und von den Menschen, die dort behandelt werden, in den Köpfen ist.

Wenn ich bei Bekannten von meinem Psychiatrieaufenthalt erzählte, hatten diese kein großes Interesse daran. Ich aber hatte umso mehr das Bedürfnis, darüber zu sprechen. Die Tatsache, dass niemand genau wissen will, wie es für mich in der Psychiatrie war, zeigt mir, dass die meisten Menschen dieses Thema aus ihrem Leben verdrängen.

Ich habe inzwischen gelernt, dass es am besten ist, niemandem davon zu erzählen.

So hat auch die Firma, in der ich gelernt habe, bis zum Schluss nichts davon erfahren.

Wenn ich immer offen und ehrlich mit diesem Thema umgegangen wäre, hätte ich beruflich nie so weit kommen können, wie es jetzt der Fall ist.

UND ES GEHT IMMER WEITER, IRGENDWIE

MANUEL, 20

»Und es geht immer weiter, irgendwie«, das konnte ich mir mit 16 gar nicht vorstellen. Ich war mit mir und der Welt unzufrieden, konnte mich selbst nicht mehr leiden und hatte jeglichen Spaß am Leben verloren. Mit Mühe riss ich mich zusammen und beendete mit Ach und Krach die 10. Klasse des Gymnasium. Bei all meinen Problemen wollte ich wenigstens einen vernünftigen Schulabschluss erreichen. In den Sommerferien aber, die dann folgten, fiel ich in ein großes schwarzes Loch. Ich zog mich zurück und lungerte nur lustlos herum. Das Einzige, wozu ich mich aufraffen konnte, war, TV zu gucken. So gingen die Ferien zu Ende.

Als die Schule dann wieder begann, hatte ich auf einmal Angst und weigerte mich, dorthin zu gehen. Meine Eltern waren ratlos, ließen mich zu Hause bleiben, meinten dann, dass ich ärztliche Hilfe brauchte. So kam ich in eine psychiatrische Tagesklinik und ging in die Klinikschule. Ich blieb dort ein ganzes Jahr.

Im Großen und Ganzen war es eine gute Zeit. Ich fing an, selbstbewusster zu werden und wieder Spaß am Leben zu bekommen. Die Lehrer in der Klinikschule waren sehr nett und offen. Auch mit den Ärzten, meiner Therapeutin, meinen Mitpatienten und dem Zivi kam ich gut klar. Bis auf einige Auseinandersetzungen mit einer Mitarbeiterin war es ein gutes Jahr.

Doch danach stellte sich die große Frage, wie geht's weiter? Aufs Gymnasium zurückgehen und mein Abitur machen, also lernen ohne Ende – dazu hatte ich keine Lust mehr. Ich beschloss, eine Ausbildung zu machen. Da ich mich schon immer für Architektur interessiert hatte und mir gerne schöne Gebäude ansah, bewarb ich mich in ca. sechzig Architekturbüros. In dieser Zeit waren Lehrstellen sehr knapp, und ich wurde nur zu wenigen Bewerbungsgesprächen eingeladen. Trotzdem hatte ich Glück und bekam einen Ausbildungsplatz in einem bekannten Architekturbüro. Beim Bewerbungsgespräch erwähnte ich meinen einjährigen Klinikaufenthalt nicht.

Voller Zuversicht und Zufriedenheit begann ich nach den Sommerferien meine Lehre. Mein Glück dauerte nicht lange. Am Anfang war alles wunderbar. Die Projekte waren interessant, und die Leute im Büro waren sehr nett. Daran änderte sich auch nichts. Nur der ca. 30-jährige Architekt, dessen Aufgabe es unter anderem war, sich um mich zu kümmern, mir die wichtigen Dinge beizubringen und mich mit Aufgaben zu versorgen, entpuppte sich als ungeduldiger, besserwisserischer und cholerischer Mensch. Wahrscheinlich wollte er karrieremäßig noch einiges im Büro erreichen und war vielleicht deswegen so eigensinnig und unausstehlich, vielleicht stand er selbst unter Erfolgsdruck. Später erfuhr ich, dass auch andere Mitarbeiter des Büros seinetwegen gekündigt hatten.

In dieser Situation tauchte wieder mein altes Problem »zu wenig Selbstbewusstsein« auf, allerdings nur während der Arbeit im Büro. Ich ließ mich zu schnell von anderen beeinflussen oder verunsichern und hatte Hemmungen, meine eigene Meinung zu äußern und mich gegebenenfalls zu wehren. Aus irgendeinem Grund bildete ich mir ein, als Auszubildender nicht das Recht zu haben, gegenüber meinen Vorgesetzten eine eigene Meinung zu vertreten. Außerdem belastete es mich sehr, dass täglich wechselnde, immer unterschiedliche Leute mir erklärten, wie ich meine Arbeit zu erledigen hätte.

In dem Büro arbeiteten ca. fünfzehn Personen, und jeder sagte mir etwas anderes. Hinterher wusste ich dann oft nicht, auf wen ich hören sollte, und versuchte, es jedem recht zu machen, was natürlich nicht ging.

Zum Glück hatte ich in meiner Freizeit mehr zu lachen. Ich hatte tolle Freunde, mit denen ich am Wochenende viel unterwegs war und auf die ich mich bis heute verlassen kann.

Auch mit meinen Eltern kam ich gut aus. Sie versuchten mir bei meinen Problemen in der Lehrstelle zur Seite zu stehen. Trotzdem hielt ich es nach einem halben Jahr Ausbildung nicht mehr aus und beschloss, nach langen Gesprächen mit meinen Eltern, zu kündigen.

Weil ich das Büro im Januar verließ, musste ich den Rest des Ausbildungsjahres irgendwie überbrücken, um danach etwas Neues anzufangen. Mein Vater vermittelte mir einen Praktikumsplatz in einem anderen Architekturbüro. Es war ein kleines Büro mit nur drei Personen. Es gefiel mir dort, und ich kam gut zurecht.

Während dieser Zeit überlegte ich, wie es danach mit mir weitergehen sollte. Ich kam zu dem Ergebnis, dass ein Schulabschluss, der mich zum Besuch einer Fachhochschule qualifizierte, für mich doch sehr wichtig sei. Also meldete ich mich an einer Fachoberschule für Bautechnik an, um dort das Fachabitur zu machen.

Der Schulstoff und die einzelnen Fächer waren kein Problem. Die Klasse war aber ziemlich chaotisch und hat sich gegenseitig ständig angeprollt. Es wurde viel herumgeschrieen, und am laufenden Band wurden idiotische Witze gerissen. Ich kam zwar mit den meisten Leuten gut klar, auf die Dauer ging mir diese Situation doch auf die Nerven, und ich fühlte mich nicht besonders wohl.

Ich begann, mit dem Gedanken zu spielen, auch diese Sache abzubrechen und mir wieder etwas Neues zu suchen. Zugleich fühlte ich mich wieder in meiner persönlichen Falle. Meine Anpassungsversuche machten mich immer unglücklicher, und ich gab mir auch noch selbst die Schuld, dass ich nicht zurechtkam. Dass die Atmosphäre in der Klasse vielleicht wirklich nicht angenehm war und auch in dieser Art nicht hingenommen werden sollte, wagte ich anfangs gar nicht zu glauben. Mein Selbstvertrauen brauchte noch einige Zeit, um sich zu entwickeln.

Den angestrebten Schulabschluss habe ich erreicht. Meinen jetzigen Wirkungsbereich als Zivildienstleistender habe ich sorgfältig ausgewählt. Ich arbeite in einem Krankenhaus, und der Umgang mit den Patienten macht mir viel Freude.

Inzwischen weiß ich sehr viel besser, vor welchen Fehlern ich mich hüten muss. Ich habe die Erfahrung gemacht, dass es mir auf Dauer nicht gut geht, wenn ich mich zu sehr anpasse.

Behinderung durch das Arbeitsamt

Christiane, 27

Als ich vor fünf Jahren aus der Psychiatrie entlassen wurde, stellte ich mir die Frage, wie es weitergehen sollte. Ich entschloss mich, eine Ausbildung zur Arzthelferin zu machen. Ein Praktikum in einer Allgemeinarztpraxis hielt ich durch und unterschrieb den mir dort angebotenen Ausbildungsvertrag. Ein normaler Vertrag, eine normale Ausbildung! Endlich normal?

Zu früh gefreut! Eines Tages bekam mein Chef durch das Projekt »Integration« den Hinweis, dass meine Ausbildung als Reha-Maßnahme gefördert werden könne und die Kosten vom Arbeitsamt getragen würden. Ich wehrte mich von Anfang an vehement dagegen, denn ich wollte eine »normale« Ausbildung machen, in der ich endlich beweisen konnte, dass ich nicht nur ein Psychiatriefall war. Schließlich hatte ich doch einen »normalen« Lehrvertrag unterschrieben. Letztendlich aber musste ich einwilligen, um die Fortführung meiner Ausbildung nicht zu gefährden. Die Maßnahme wurde bewilligt, die Kosten zu hundertprozent vom Arbeitsamt getragen.

Von da an hatte ich an der Ausbildung kein Interesse mehr. Deshalb schien es mir noch sinnloser als vorher, meine Energien in den begleitenden Berufsschulunterricht zu stecken. So scheiterte ich, trotz wiederholter Versuche, am Besuch der Berufsschule, meine Angst vor den Mitschülerinnen war einfach zu groß. Aber noch schien nicht alles verloren, mein Chef erklärte mir, dass er alles dafür tun werde, eine externe Prüfung zu ermöglichen. In meiner Naivität verließ ich mich darauf, dass er die Unterrichtsfrage regeln könne. Leider war sein Einfluss begrenzter, als er vorgab, und so war dieses Vorhaben nicht von Erfolg gekrönt.

Durch einen Verwaltungsfehler der Ärztekammer wurde ich aber ohne Nachweis des geforderten Schulbesuchs zur Zwischenprüfung zugelassen, die ich bestand. Später sollte ich die Abschlussprüfung dann aber trotzdem nicht machen dürfen, da ich ja nicht vorschriftsmäßig die Berufsschule besucht hatte. In dieser für mich aussichtslosen Situation erkrankte ich erneut, kündigte meine Wohnung und zog wieder bei meinen Eltern ein. Für mich ein enormer Rückschritt, wieder hatte ich versagt.

Da mein Wohnort durch den Umzug jetzt in einem anderen Kreis lag, wandte ich mich in meiner Verzweiflung an den dortigen Psychosozialen Fachdienst, die Fürsorgestelle für Schwerbehinderte. Ich traf auf eine großartige Sozialarbeiterin, die sich geduldig meine ganze Geschichte anhörte und Ordnung in das Chaos brachte. Endlich war ich mit meiner Verzweiflung nicht mehr alleine.

Als ich ihr meine vergeblichen Versuche, von der zuständigen Reha-Beraterin am Arbeitsamt eine vernünftige Auskunft zu erhalten, schilderte, riet mir die Sozialarbeiterin vom Psychosozialen Fachdienst, einen Brief an den Leiter des zuständigen Arbeitsamts zu schicken. In diesem Brief schilderte ich die Schwierigkeiten mit der Sachbearbeiterin seines Amtes, die problematische Situation an meinem Ausbildungsplatz und die Sorge, nach einer Eigenkündigung den Anspruch auf weitere Förderung durch das Arbeitsamt zu verlieren. Daraufhin wurde ich zu einem Gespräch mit der im Brief erwähnten Dame beim Arbeitsamt eingeladen.

Ich ging also wieder voller Angst, aber in Begleitung »meiner« Sozialarbeiterin vom Psychosozialen Dienst zu diesem Gespräch und war sprachlos. Ich wurde plötzlich auffällig freundlich behandelt. Behilflich war mir die Sachbearbeiterin danach zwar auch nicht, aber wenigstens schikanierte sie mich nicht weiter.

Jetzt hatte ich endlich das »Arbeitsamtsspiel« begriffen: Eine ganz »normale« deutsche Behörde mit einer ganz »normalen« Hierarchie. Man muss folglich ganz oben anfragen, wenn man ganz unten etwas bewegen will.

Die belastende Situation am Arbeitsplatz hatte sich inzwischen leider nicht geändert. Das Arbeitsamt förderte unbesehen meine Ausbildung, die als Beispiel für gelungene Integration galt. Was sich wirklich dahinter verbarg, war unglaublich:

ein chaotischer Arbeitsplatz, der mir keinerlei Struktur bieten konnte, herumwirbeln ohne Praxisanleitung, sich häufende Stresssituationen, die weit über die Grenzen meiner Belastbarkeit gingen, das unbefriedigende Gefühl, nie eine Arbeit zu Ende bringen zu dürfen, und keine Zulassung zur Abschlussprüfung aus formalrechtlichen Gründen. – Gelungene Integration!

Die Probleme am Arbeitsplatz waren nicht zu lösen, und da es mir immer schlechter ging, begab ich mich in teilstationäre Behandlung. Im Rahmen dieser Therapie wurde immer klarer, dass ich meine Zukunftsplanung neu gestalten musste. So begann ich wieder, mit dem Arbeitsamt Kontakt aufzunehmen, um detaillierte Informationen zum Berufsbild der Ergotherapeutin und die mögliche Finanzierung einer Umschulung in diesen Beruf zu erfragen.

Nach acht Monaten zähen Ringens mit dieser Institution und keinen oder sich widersprechenden Auskünften erinnerte ich mich an das »Arbeitsamtshierarchiespiel«. Ich schrieb einen Brief an den Leiter des Arbeitsamtes, das in dem Wohnort meiner Eltern nun für mich zuständig war, und schilderte ihm detailliert meine inzwischen verzweifelte Suche nach einem zuständigen Mitarbeiter und einer verbindlichen Auskunft.

Ich wies darauf hin, dass ich mittlerweile mit drei Arbeitsämtern und acht verschiedenen Mitarbeitern Kontakt aufgenommen hätte und nun überhaupt nicht mehr wisse, woran ich sei, und dass diese Unklarheit meine weitere berufliche Zukunftsplanung erheblich erschwere. Ich schilderte ihm, dass ich mit schöner Regelmäßigkeit am Telefon zu hören bekomme, dass mein Vorgang gar nicht im Computer zu finden sei, und dass ich jedesmal wieder erklären müsse, wer was wann bearbeitet habe. Ich teilte ihm mit, dass ich bei der Beantragung meiner Reha-Maßnahme im festen Glauben gewesen sei, dass diese Einrichtung Menschen mit gesundheitlichen Einschränkungen schützen solle, mittlerweile aber leider feststellen müsse, dass der Kampf um diesen Schutz sehr nervenaufreibend und nicht gerade förderlich für meine Gesundheit sei. Ich bat ihn, die Angelegenheit zu prüfen und mir schriftlich mitzuteilen, welches Arbeitsamt und welcher Mitarbeiter nun genau für mich zuständig sei.

Wenn ich den Brief heute lese, denke ich, dass er ohne weiteres als übertriebenes Stück in einem gesellschaftskritischen Kabarettprogramm untergebracht werden könnte. Leider war die Situation damals alles andere als komisch, und ich hatte nichts zu lachen. Da ich wusste, dass die Wahl meines angestrebten Ausbildungsganges zur Ergotherapeutin vor dem Hintergrund meiner Erkrankung ungewöhnlich war, legte ich eine Bescheinigung meines behandelnden Arztes sowie eine Fotokopie der Zusage für den Schulplatz bei und verblieb »mit freundlichen Grüßen«.

Nachdem ich diesen Brief geschrieben hatte, beschleunigte sich der Vorgang erheblich. Es wurde ein Mitarbeiter des Arbeitsamtes benannt, mit dem eine gute Zusammenarbeit möglich wurde, da er mich und mein Anliegen ernst nahm und mir konkret sagte, welche Unterlagen er von mir benötigte.

Ich brachte ein Gutachten meiner Therapeutin bei und wartete voller Angst auf den Termin mit dem Psychologen, der letztendlich die Entscheidung über meine Zukunft treffen sollte. Wieder einmal mobilisierte ich all meine Energien. Das Gespräch war sehr anstrengend, weil ich ausführlich begründen musste, weshalb ausgerechnet ich glaubte, für diese Ausbildung geeignet zu sein, und was mich so sicher machte, in diesem Beruf eines Tages auch erfolgreich arbeiten zu können.

Nach dem Gespräch war ich ehrlich davon überzeugt, dass ich jeden Beruf lernen sollte, nur nicht Ergotherapeutin. Ich war hochgradig verunsichert. Der Psychologe kam jedoch zu dem Ergebnis, dass ich geeignet sei.

Was mich an den Vorgängen in den verschiedenen Arbeitsämtern ärgerte, ist nicht nur die Art und Weise, wie mit mir umgegangen wurde. Es ist auch das Wissen darum, dass genau das, was mit mir gemacht wurde, jeden Tag mit psychisch Kranken bei Ämtern, Behörden und Arbeitgebern geschieht.

Es macht mich sehr nachdenklich, dass das Verfahren zur Wiedereingliederung, wie ich es erlebt habe, nur für Menschen möglich scheint, die hundertprozentig der Norm entsprechen. Ich frage mich, in welchem Punkt wir dann noch eingegliedert werden müssen.

Manchmal wäre ich beim Arbeitsamt nicht einen Schritt weitergekommen, ohne die Hilfe »meiner« Sozialarbeiterin. Sie konnte dem Arbeitsamt als Profi und als Vertreterin einer Behörde gegenübertreten und musste somit ernst genommen werden. Als ich damals das erste Mal mit dem Arbeitsamt zu tun hatte, war ich einfach noch zu krank, um als »mein eigener Sozialarbeiter« aufzutreten, nach meinen Rechten zu fragen und meine Vorstellungen klar zu formulieren.

Bisher musste ich noch nirgends so sehr wie beim Arbeitsamt beweisen, dass ich nicht »verrückt« bin. Dabei war ich gezwungen, immer ruhig und angepasst zu bleiben, auch in Situationen, in denen jeder »normale« Mensch längst explodiert wäre. Beispielsweise habe ich in einem Telefonat mit einer Angestellten des Arbeitsamtes den Satz zu hören bekommen: »Sie haben einen Schwerbehindertenausweis, aber geistig behindert sind sie nicht, oder? Ach nein, jetzt sehe ich es, im Computer steht ja, dass sie zum Abendgymnasium gehen.«

Nach vier Jahren Erfahrung im Umgang mit dem Arbeitsamt habe ich eine gewisse Übung in den Verhandlungen mit dieser Institution bekommen. Der »Wahnsinn« meines Vorhabens – als psychisch Kranke den Schritt in die Richtung eines therapeutischen Berufes zu wagen, nachdem ich bereits einmal an einer Ausbildung gescheitert bin – war mir von Anfang an sehr wohl klar. Trotz allem habe ich immer an meinem Traum, meiner Idee festgehalten. Rückblickend kann ich sagen: Es hat sich gelohnt! Trotz der Behinderung durch das Arbeitsamt kann ich endlich auf eine vollständige Integration hoffen: Zehn Tage vor Beginn meiner Ausbildung zur Ergotherapeutin halte ich den Bewilligungsbescheid, der mir die Eignung für diesen Beruf und die Finanzierung des Ausbildungsganges bescheinigt, in der Hand!

ANNA, 28, UND CHRISTIANE, 27

Christiane: Ein Profi sagte zu mir: »Wenn Sie sich für einen therapeutischen Beruf entscheiden, dann müssen Sie sich für eine Seite entscheiden, dann können Sie nicht mehr ständig wechseln. Sie müssen die Tür hinter sich zuschlagen und den Schlüssel wegwerfen, nicht nur verstecken, wegwerfen. Krankheit ist nicht Schicksal, sie ist immer auch Willensentscheidung!«

Mit Entsetzen stelle ich fest, dass mich diese Worte erschrecken, furchtbar erschrecken. Bin ich willensschwach? Muss ich mich gegen einen Teil meines Lebens, meine Krankheit entscheiden, um den Wechsel auf die Profiseite zu schaffen? Wenn ich mich wirklich hätte entscheiden können, weshalb hätte ich dann damals so eine »behämmerte« Entscheidung treffen sollen? Zum Spaß jahrelang psychisch krank? Ich will diesen Teil meines Lebens nicht mit dem Schlüssel wegwerfen, trotzdem stelle ich mir natürlich die Frage: Wie wahrscheinlich ist es, dass ich den Sprung auf die Profiseite schaffe, ohne mir oder anderen zu schaden? Wofür brauche ich diese Ausbildung in einem therapeutischen Beruf? Was fasziniert mich plötzlich so daran, ein Praktikum mit psychisch Kranken zu machen? Wem muss ich da etwas beweisen? Wäre ein Abschluss in einem therapeutischen Beruf eine Eintrittskarte in die Welt der »Normalen«, weil ich ja nicht krank sein kann, wenn ich mit Kranken arbeite? Will ich meine eigenen Erfahrungen nutzen und sie nicht aus meinem Leben ausklammern? Oder meine ich, meine Probleme vergessen zu können, indem ich mir die Probleme anderer Menschen anhöre? Einmal auf der anderen Seite stehen, stark und gesund sein, ohne dass es jemand in Frage stellt? Geht es um Macht? Ist es die Illusion, Psychiatrie verändern zu können, weil Psychiatrie, wie ich sie oft erlebt habe, so nicht sein kann und darf? Ist es die Anstrengung wert, endlich zu wissen, wie viel Wahrheit in dem oft gehörten Satz »Sie als Patientin haben ja keine Ahnung, wie schwer unsere Arbeit ist und unter welchen Bedingungen wir arbeiten müssen!« steckt? Geht es mir um den therapeutischen Beruf? Kämpfe ich nicht immer noch gegen die Profis, die Institution, oder eigentlich doch nur gegen mich selber?

Wenn ich über das alles nachdenke, habe ich Angst die Orientierung zu verlieren. Es gibt in meinem Leben schon einige Türen, die sich nicht mehr öffnen lassen, und ich werde nicht selber noch weitere Türen zuschlagen, nur um einen therapeutischen Beruf ergreifen zu dürfen. Trotzdem glaube ich, dass ich gerade mit meinen Erfahrungen und auch mit dem Versuch, nicht zu vergessen, was hinter meinen Türen ist, eine ganze Menge Möglichkeiten habe, in einem therapeutischen Beruf gut zu sein.

Aber damit ich wirklich nur gut und nicht wieder besser als gut sein muss, werde ich den »normalen« Profis, mit denen ich zusammenarbeite, verschweigen müssen, was ich an Erfahrungen mitbringe, denn sonst ist meine Arbeit nur noch die Hälfte wert.

Anna: Du bist seit zehn Jahren immer wieder Patientin in der Psychiatrie, warum willst du nach diesen zehn Jahren Erfahrung als Patientin in einen therapeutischen Beruf?

Christiane: Ich will auf die andere Seite, weil ich denke, dass ich die Erfahrungen, die ich selber gemacht habe, einsetzen kann. Und du? Du bist seit einigen Jahren erfolgreich auf der Profi-Seite, kennst aber auch die andere Seite, welche Erfahrungen hast du gemacht?

Anna: Ich habe die Erfahrung gemacht, dass ich mit der Vergangenheit nicht offen umgehen kann. Wenn du solche Erfahrungen hast, kannst du dich zwar mit der Klientel identifizieren, aber du kannst sie nicht dem Team mitteilen.

Christiane: Kann Identifikation mit der Klientel denn nicht hilfreich sein?

Anna: Ja, es kann Vor- und Nachteile mit sich bringen. Eigene Erinnerungen und Gefühle vernebeln deine Neutralität, andererseits kannst du als »Anwalt der Patienten« fungieren. Wenn du mit Erfahrungen arbeiten willst, musst du mit der Vergangenheit offen umgehen, auf die Gefahr hin, dass du oft belächelt wirst.

Christiane: Kann es nicht ein Vorteil sein, dass ich gelernt habe, die Grenzen meiner Belastbarkeit eher zu erkennen?

Anna: Das spricht man dir ab! Wenn du deine Grenze der Belastbarkeit erkennst, was hat das für Konsequenzen? Dass du deinen Job aufgibst?

Christiane: Nein, man hat einfach schon mehr gesehen und kann sich mehr vorstellen, man kann sich vielleicht leichter schützen, weil nicht das völlig Unerwartete eintritt.

Anna: Du kannst dich nicht vor irgendwelchen Dingen und Themen schützen!

Christiane: Aber wenn ich meine eigene Geschichte kenne und weiß, aus welchen Motiven ich handele, dann habe ich doch einen sichereren Standpunkt und vielleicht auch mehr Selbstbewusstsein?

Anna: Aber deine Objektivität ist vernebelt durch die Parallelen mit der eigenen Geschichte. In der praktischen Arbeit sieht das dann so aus, dass jemand »rausgelassen« wird, wenn er nicht mehr klarkommt. Beispiel Gewalt, wenn es da genau um meine Problematik ginge und ich würde damit konfrontiert, dann würde man meine Ambivalenz sehen und meine Kompetenz anzweifeln.

Christiane: Hieße das Kündigung?

Anna: Nein, nur in diesem Fall wäre ich nicht kompetent, weil ich nicht objektiv sein könnte.

Christiane: Erfordert das nicht ein Kennen und Erkennen meiner eigenen Problematik? Ist es denn nicht auch eine Stärke, die enge Betreuung eines Patienten oder Kindes an andere abzugeben?

Anna: Ja, es ist sicher eine Stärke, aber das zeigt auch eine viel zu emotionale Persönlichkeit. Im sozialen Beruf wird immer grenzenloser Einsatz gefordert! Ich bin schon mehrfach an meine Grenzen gekommen und buchstäblich nach Hause gekrochen.

Christiane: Vielleicht ist meine Motivation, einen pädagogisch-therapeutischen Beruf zu lernen, auch der Wunsch, etwas anders zu machen, als einige Profis es mit mir gemacht haben. So genau kann ich das gar nicht beschreiben. Mich faszinieren Krankheitsbilder vor dem Hintergrund der jeweiligen Lebensgeschichte.

Vielleicht ist es auch eine Konfrontation mit mir selber, die ich suche, diese Patienten faszinieren mich. Ich will nicht so sein wie sie, aber ich bin ihnen so ähnlich, vielleicht will ich mir damit auch beweisen ...

Anna: ... wie normal du bist?

Christiane: Wenn ich mein Diplom in der Tasche habe, habe ich dann die Qualifikation, so etwas zu beurteilen?

Anna: Man beurteilt und sieht schon manches anders, wenn man Hintergrundwissen hat.

Christiane: Ist es überhaupt möglich, etwas zu verändern?

Anna: Man versucht es, aber ändern ... je mehr Hintergrundwissen man hat, desto eher kann man an der Ursache anpacken als am Symptom. Aber auch bei mehr Hintergrundwissen würdest du emotional genauso drinstecken.

Christiane: Aber ich habe andere Möglichkeiten und Instrumente, zum Beispiel Supervision, um meine Wahrnehmung zu überprüfen, auch die emotionale Wahrnehmung.

Anna: Du vergleichst Teammitglied und Patienten. Entweder – oder! Die Frage, die du dir stellen solltest, ist auch: Will ich mir das weiterhin antun, mich weiterhin mit diesem Umfeld und den Problemen auseinander setzen? Von dir werden andere Maßstäbe erwartet, wenn du dich dafür entscheidest.

Christiane: Warum hast du dich entschieden, dich damit weiter auseinander zu setzen?

Anna: Ich habe die Hoffnung, dass sich bei Kindern noch mehr bewirken lässt, ich wollte wissen, wie viel Macht ich habe, etwas zu ändern, und ich habe die Illusion aufgegeben. Heute habe ich den niedrigen Anspruch, den Kindern ein paar schöne Stunden bieten zu können und Empfehlungen auszusprechen. – Bist du dir im Klaren, dass deine Erfahrungen nur für dich zugänglich sind?

Christiane: Das heißt, ich muss mich nach außen hin immer von meiner Vergangenheit abspalten, und ich muss meine Erfahrungen so verpacken, dass keiner merkt, dass ich sie selber gemacht habe.

Anna: Ja, genauso sehe ich das. Profis haben eben im »Normalfall« diese Erfahrungen nicht.

Christiane: Aus welchen Gründen, glaubst du, haben »normale« Profis ihre Berufswahl getroffen?

Anna: Ich habe mal einige Profis gefragt und bekam folgende Antworten:

- nicht, um viel Geld zu verdienen
- wegen der Auseinandersetzung und Begegnung mit anderen Menschen und mit mir selber
- weil Menschen mich am meisten interessieren, egal ob krank oder gesund
- um mich zu definieren
- weil ich eine Rolle fortsetzen wollte, die Rolle des Helfers
- Helfersyndrom
- weil mich während meiner medizinischen Ausbildung die Vorlesungen eines Professors über analytische Psychotherapie fasziniert haben
- weil die Schachnovelle von Stefan Zweig ein hohes Maß an psychologischer Neugier in mir geweckt hat
- weil ich gerne Menschen helfen wollte
- weil ich gerne mit Menschen arbeiten wollte
- weil ich Menschen mag

Christiane: Ist unsere Motivation, einen therapeutischen Beruf zu ergreifen oder ergriffen zu haben, also wirklich so anders? Wenn die »normalen« Profis am Ende ein bisschen verrückt wären und die »verrückten« Profis ein bisschen normaler, dann kann man sie am Ende nicht mehr auseinander halten.

ZERSPLITTERTES LEBEN

ANNA, 28

Vor zehn Jahren ist mein Leben zersprungen, wegen einer Magersucht befand ich mich zu diesem Zeitpunkt in einer Kinder- und Jugendpsychiatrie. Bis dahin schmückten sich meine Eltern mit einer gut funktionierenden Tochter, die problemlos

Realschulabschluss, Pflegevorschule und die Aufnahme an einer Krankenpflegeschule schaffte. Sie war still, nett und sehr verständnisvoll.

Plötzlich wurde die Beteiligung an der Pflege der Oma vernachlässigt, plötzlich lachte die Tochter nicht mehr, sie sagte nichts mehr, sie schlief nicht mehr, sie aß nicht mehr und widmete sich nur noch dem Sport.

Natürlich können die Eltern wegsehen, alles ignorieren und für eine launische Phase halten, doch wenn Freunde, Ärzte und Ausbilder warnen, muss die Familie den Tatsachen ins Auge sehen: Die Tochter ist psychisch krank und muss in eine Psychiatrie eingewiesen werden. Von diesem Zeitpunkt an veränderte sich auch das Leben meiner Familie, denn jeder Gang durchs Dorf, jeder Arztbesuch wurde zu einem Spießrutenlauf. Ihren Frust über die mitleidigen Blicke, über die Fragen und das Tuscheln Fremder leiteten sie gleich an mich weiter, ich musste mir viele Vorwürfe anhören: »Anna, was hast du uns bloß angetan!« oder: »Anna, wir leiden wegen deiner Eskapaden.« Ich stellte fest, dass meine Familie auf einem anderen Stern lebte, meine Gedanken, meine Gefühle, meine Therapie interessierten einfach nicht, wir sprachen nicht mehr dieselbe Sprache, Kommunikation aussichtslos. Zudem besaß ich die Frechheit, nicht zuzunehmen, hatte lange Zeit keine Zukunftsperspektiven und wollte keine »Normalos« mehr sehen. Schließlich wurde mir klar, dass eine fröhliche Anna, eine brave Tochter, eine fleißige Arbeitskraft und ein ausgeglichenes Wesen gefragt waren. Wenn ich mein Leben etwas genießen, wenn ich die Klapse bald verlassen möchte, dann muss ich das Spiel des Lebens mitspielen. Ich versuchte zu lachen, obwohl alles in mir weinte, ich versuchte zu essen, obwohl der Ekel mich schüttelte, ich versuchte zu schlafen, obwohl mir vor den Träumen graute, ich versuchte, fit und sportlich zu wirken, obwohl mir alles weh tat.

Aber frau kann alles lernen, frau gewöhnt sich an alles, frau ist stark, hat Durchhaltevermögen und blendet alle mit ihrer schauspielerischen Leistung. Schein und Sein stimmten nicht mehr überein, Körper und Geist arbeiteten nicht mehr zusammen, mein Leben zersprang. Während der Wochenendbeurlaubung präsentierte ich allen die gesunde Anna, ich lachte, wenn auch nicht mehr so laut, ich schmiedete Zukunftspläne und durchbrach nur noch selten die Essrituale. Es klappte wunderbar! Trotz skeptischer Blicke der Therapeuten, trotz meines nicht erreichten Zielgewichtes wollte ich eine Therapiepause und verließ die Psychiatrie nach vierzehn Monaten.

Mein Fazit damals:

- Gesundheit bedeutet Freiheit, und Freiheit ist das A und O des Lebens.
- Schnurgerade Lebensläufe sind erwünscht, es ist klüger, die anderen Erfahrungen, Gedanken und Geschehnisse zu verschweigen.
- Fröhliche, zufriedene Menschen haben es im Leben leichter. I'll do my very best!

Trotz dieser Erkenntnisse schaffte ich es nicht, den Kontakt zur Psychiatrie ganz aufzugeben. So traf ich mich mit früheren Therapeuten, baute Freundschaften zu zwei ehemaligen Mitpatienten auf und fuhr grundlos in die Stadt, in der ich vierzehn Monate Psychiatriezeit verbracht hatte. So manches Mal tauchten wir ein in die gute, alte Klapsenzeit, tauschten Erinnerungen aus und beobachteten unsere Entwicklung, Rückschläge und weitere Psychiatriekarrieren inbegriffen.

Ich wohnte nun in einer Wohngemeinschaft in einer fremden Stadt und absolvierte mein Vorpraktikum in einer Kindertagesstätte. An die Ausbildung zur Erzieherin knüpfte ich große Hoffnungen. Das Praktikum hatte mir sehr gefallen, obwohl ich damals schon mit der Unzuverlässigkeit von Mitarbeitern Bekanntschaft machte. Sie hielten sich nicht an Absprachen, ließen mich mit den Kindern oft alleine, und ich hatte meiner Ansicht nach zu viel Verantwortung. Das Zusammensein mit den Kindern machte mir großen Spaß, ansonsten war das Leben wieder anstrengend: Ich hungerte, fraß, kotzte und lief um mein Leben.

Ich hasste mein Spiegelbild und konnte mir nicht mehr in die Augen schauen. Aber trotz allem vergaß ich nie zu lächeln, ich vergaß nie zu schweigen, und ich vergaß nie, nicht zu fühlen.

Nach dem einjährigen Praktikum begann der schulische Teil meiner Ausbildung. Doch die Zeit zehrte an meinen Nerven, meine Toleranzgrenze war schon längst überschritten, das Schulleben verbrauchte viel Energie, nicht zum Lernen, sondern das Aushalten meiner Mitschüler war anstrengend. Diese waren drei bis vier Jahre jünger als ich, ich fand sie kindlich, naiv und langweilig. Die Lehrer waren nett, aber distanziert. Im Unterricht erfuhr ich nichts Neues, die Themen langweilten mich, und so besuchte ich auf freiwilliger Basis einen Philosophiekurs. In meiner Freizeit las ich Psychiatrieliteratur, besuchte eine Freundin in der Erwachsenenpsychiatrie und beschäftigte mich mit PsychKG, Sedativa und Fixierungen.

Verrücktes Leben – geteiltes Leben!

Morgens saß ich als brave Schülerin in der Schulbank, und niemand ahnte etwas von meiner Trauer, meiner Einsamkeit und den Psychiatrieerfahrungen. Ich hütete mein Geheimnis gut; meine schauspielerischen Leistungen verbesserten sich, und mein Doppelleben wurde allmählich zur Routine.

Neben meiner Einsamkeit verlor ich die Geborgenheit der Wohngemeinschaft, nette Leute zogen aus und ein Mitbewohner wurde psychisch krank und unberechenbar. Ich machte mich dünne, und das im wahrsten Sinne des Wortes. Die Alarmsignale wahrnehmend, ging ich auf Therapeutensuche, aber bis zum Therapieanfang dauerte es noch sehr, sehr lange! Das waren 380 Tage in der Dunkelheit, das waren 380 Tage ohne Hilfe, 380 Tage Schweigen und 380 Tage unendliche Traurigkeit. Die ehemaligen Therapeuten sind schon lange nicht mehr zuständig, sie schütteln bedauernd den Kopf und geben kluge Ratschläge. Wieder ein Strohhalm weniger! Wie viel Kraft wird von einer labilen Persönlichkeit verlangt, wie viel Energie geht schon vor der Therapie verloren, und wie verzweifelt muss man sein, bis die Krankenkasse bezahlt?

Trotz schlafloser Nächte klingelte jeden Morgen um sieben Uhr mein Wecker, und der andere Splitter meines Lebens forderte ebenfalls Kraft und Energie. Um meine Ausbildung nicht aufs Spiel zu setzen, musste ich lernen, Klausuren schreiben und Hausaufgaben machen, Gruppenarbeiten abgeben und mich mit Lehrern und Schülern arrangieren. Dabei immer schön lächeln, mir nichts anmerken lassen und gut funktionieren.

Auch zu Hause war ich die brave Tochter, ich nahm Rücksicht auf die Familie, denn wie hätte ich es wagen können, meinen Eltern nochmals »so etwas anzutun«. In ihrer Ehe kriselte es, mein Bruder war »neben der Spur«, aber meine Mutter freute sich so über die gelungene Reparatur ihrer Tochter in der Psychiatrie. Sie glaubte tatsächlich an eine völlige Gesundung. Mein Gott, wie fremd waren wir uns geworden!

Innerhalb meiner Erzieherausbildung musste ich verschiedene Praktika absolvieren, unter anderem in einer Mädchenwohngruppe. Dort fühlte ich mich sehr wohl, ich fasste Vertrauen zu einer Mitarbeiterin und erzählte ihr von meiner Vergangenheit. Doch ich wurde bitter enttäuscht, sie fand mich plötzlich nicht mehr tragbar, sah eine Gefährdung der Mädchen und nahm mir die Verantwortung aus der Hand, indem sie mein Praktikum für beendet erklärte. Drei Jahre nach meiner Entlassung aus der Psychiatrie war ich schwach geworden, hatte versucht, die beiden Splitter zusammenzufügen, und hatte einem Menschen zu viel erzählt. Durch diesen Vorfall erfuhren auch zwei Lehrer von meinem Geheimnis, und ich sah mich schon wieder mit Vorurteilen und Klischees behängt. Doch ich konnte alles aufholen, die Lehrer gaben mir eine Chance (ich war schließlich gut aufgehoben, um mich herum lauter Hobbypsychologen) und meine Ausbildung weist nur eine kleine Unebenheit auf.

Vier Monate später, gerade noch rechtzeitig, begann endlich meine ambulante Therapie. Ich steckte im Abiturstress, suchte eine eigene Wohnung, brauchte einen Platz für mein Anerkennungsjahr und musste mit dem plötzlichen Tod meines Vaters fertig werden. In vierzig Einzelsitzungen konnte ich endlich über aktuelle Probleme sprechen und genoss den ungefilterten Gedankenaustausch.

Ein Jahr später begann mein Anerkennungsjahr. Aus Angst vor der Stigmatisierung entschied ich mich weiterhin für ein zersplittertes Leben. Ich verschwieg meine Psychiatrieerfahrungen und glaube bis heute, dass es ein guter Entschluss war. Nach meiner Anerkennungszeit hatte ich die Möglichkeit, das Arbeitsverhältnis zu verlängern, heute beweise ich schon vier Jahre lang, dass ich dieser Aufgabe gewachsen bin. Die Arbeit mit den Kindern macht mir großen Spaß, ich finde meinen Aufgabenbereich sehr interessant und werde auch mit einer wechselnden Teamkultur fertig.

Gerade weil ich im stationären Bereich arbeite, große Verantwortung trage und emotionale Bindungen eingehe, glaube ich, dass mein Schweigen notwendig ist.

Die Magie der Worte

Das Wort Psychiatrie benutzte ich bewusst nicht,
da es in der heutigen Zeit leider immer noch
einen sehr negativen Beigeschmack hat.
Auf die vielen Bewerbungen bekam ich nur Absagen.
Bei einem inoffiziellen Gespräch mit einem
Personalbeauftragten einer sehr großen Firma
fragte ich, ob die Absagen mit meinem
Lebenslauf zu erklären seien.
Er sagte mir, dass man bei einem
Krankenhausaufenthalt bei jungen Menschen
direkt auf Drogenabhängigkeit
und bei älteren auf eine
Herz-Kreislauf-Erkrankung schlösse.
Wenn ich eine Chance haben wolle, müsse ich lügen.

Ich habe mich geoutet

VIKTORIA, 21

»Guck mal! Der sieht aus, als käme er aus der Klapse!«
»Du gehörst in die Klapse!«
»Du bist ja komplett durchgedreht!«
Solche und ähnliche Sprüche hörte ich in der ersten Zeit auf
meiner neuen Schule und in meinem sonstigen Umfeld oft. Aber:
Wie sehen die denn wirklich aus, die aus der Klapse kommen?
Wann ist man verrückt? Wer gehört in die Klapse? Immer wieder fragte ich mich das insgeheim – und dann öffentlich. Immer wenn diese unbedachten Äußerungen kamen, stand ich zu
meiner Vergangenheit, fraß meine Wut und Aggression über die
Unwissenheit der Leute nicht mehr in mich hinein, sondern ließ
sie heraus. Ich wollte mich nicht länger verstecken, immer auf
der Hut vor unbedachten Äußerungen mit der Angst, irgendwann entdeckt – »geoutet« – zu werden. Ich war bereit für den
Gegenangriff, bereit für die Ablehnung, den Spott, die Läste-
reien, die ich jetzt erwartete. Wie erstaunt war ich, als all diese
negativen Erwartungen nicht eintrafen. Die Leute sahen mich
an, sahen mich genau an, konnten keine Veränderung entdecken. Da saß immer noch dieselbe vor ihnen. Dieselbe mit einer Ausnahme: Sie war verletzbarer, unsicherer, ehrlicher. Die
Ablehnung, die ich erwartet hatte, wurde zu Interesse. »Erzähl
mal! Wie ist das denn da? Gibt es eigentlich immer noch
Zwangsjacken und Gummizellen?« Oje, hier war Aufklärung
dringend notwendig! Ja, jetzt war ich gefragt!

Meine Vergangenheit nahm mein Umfeld recht gut auf, ak-
zeptierte es. Aber wie steht es mit meiner Gegenwart? Tatsache
ist, dass viele meiner Bekannten nicht alle Krankheitsbilder, die
»reif für die Klapse« sind, akzeptierten. Magersucht, meine
damalige Diagnose, war okay, eine Krankheit, die von der Gesellschaft akzeptiert wird. Anders habe ich es bei meiner jetzigen Diagnose erfahren: Bulemie. Niemals werde ich vergessen,
als meine Mutter zu mir sagte: »Kotzen? Wie ekelhaft!« Selten

habe ich bis jetzt solche Äußerungen gehört, aber sie waren jedesmal verdammt schmerzhaft. Ich ging davon aus, dass alle anderen Menschen in ihrem tiefsten Inneren auch so denken mussten. Was sie mir sagten und was sie dachten, stimmte nicht überein, ich glaubte ihnen kein Wort mehr. Nur einem Menschen konnte ich ohne Einschränkung noch Glauben schenken und vertrauen. Das war meine beste Freundin Dany. Sie war die Einzige, die ich in dieser Zeit noch in meine Wohnung ließ. Einmal, als sie auf die Toilette musste, versicherte ich ihr in einer geradezu rechtfertigenden Art, dass ich diese wirklich geputzt hätte. Aber sie ließ mich noch nicht einmal ausreden. Sie sagte nur: »Das weiß ich! Außerdem musste ich auch schon kotzen! Ekelst du dich deshalb vor mir? Ob du es nun künstlich herbeiführst oder es einfach kommt, ist doch egal.« Ich konnte das einfach nicht glauben. Da nahm mich jemand so, wie ich war – ohne Vorbehalte und ohne jegliche Einschränkung. Ja, Dany habe ich geglaubt. Nicht nur, was sie sagte, sondern auch, wie sie es sagte und wie sie handelte.

Neulich war ich mal wieder in einer Klinik – diesmal in einer psychosomatischen, in einem Fachzentrum für Essstörungen. Danach bin ich nach Detmold umgezogen, und ich muss zugeben, es fällt mir verdammt schwer, zu meiner Vergangenheit zu stehen. Klar, in meiner WG und in den Therapien kann ich schon offen darüber reden. Doch erst vorgestern hatte ich ein Vorstellungsgespräch als Babysitter. Ich wollte diesen Job. Als die Leute mich nach dem Grund für Ortswechsel und Unterbrechung der Ausbildung fragten, log ich ihnen etwas von guten Freunden in Detmold vor. Noch nicht einmal zu der Tatsache, dass ich im Moment in einer WG des SOS-Jugenddorfes wohne, konnte ich stehen. Und wieder beginnt ein Versteckspiel, wieder muss ich aufpassen, was ich sage, und wieder muss ich mich fragen: »Ist meine Vergangenheit mir wirklich überall ein Stein im Weg?«

Ich hoffe, dass ich eines Tages mit meiner Vergangenheit in der Gegenwart offen leben kann.

SCHULE FÜRS WIRKLICHE LEBEN

CLAUDEL, 15

Der Weg meiner Heilung und zur heutigen Lust an einem wunderbaren Leben begann eines Tages in der Schule während des Chemie-Unterrichtes. Ich kippte plötzlich vom Stuhl, bot ein »ohnmachtähnliches Verhalten« und wurde mit Verdacht auf Kreislaufzusammenbruch per Rettungswagen ins Krankenhaus gebracht.

Dort checkte man mich von Kopf bis Fuß durch, doch alle Befunde blieben negativ. Physisch war ich bis auf ein paar Teint-Unreinheiten (auch Pickel genannt) kerngesund.

Nach einem Monat, ausgefüllt mit Untersuchungen, wurde ich in die Kinder- und Jugendpsychiatrie in Düsseldorf-Grafenberg verlegt, da sich die als »psychogenes Anfallsleiden« diagnostizierten Zustände häuften und keine Besserung eintrat. Vier Wochen später ließ ich mich, in der Hoffnung, ich hätte mich so weit stabilisiert, dass ich wieder auf meine vorherige Schule gehen könnte, entlassen und versuchte mein Glück.

Der Versuch schlug jedoch fehl, denn ich fiel immer wieder wie ein gefällter Baum der Länge nach um und landete einmal sogar mit einer Gehirnerschütterung und einem großen Hämatom am Kopf im Krankenhaus.

Daraufhin wurde ich nach Beratung mit einer Psychologin erneut in die Kinder- und Jugendpsychiatrie aufgenommen, doch diesmal teilstationär. Dort besuchte ich die Alfred-Adler-Schule.

Mein Zustand besserte sich bis zu den Sommerferien allmählich, und in einem Arztgespräch wurde mir ans Herz gelegt, wieder ein Gymnasium zu besuchen, um den Einstieg ins »normale« Leben zu versuchen. Da ich weiterhin die tagesklinische Behandlung nutzen wollte und der Weg von meiner alten Schule zur Klinik zu weit ist, musste ein Gymnasium in Düsseldorf gefunden werden. Wir einigten uns auf das Marie-Curie-Gymnasium in Gerresheim, da man mit dieser Schule gute Erfahrungen in der Kooperation mit der Klinik gemacht hatte, und ich stellte mich noch am selben Tag mit meinen Eltern beim Direktor vor. Ich hatte zunächst Bedenken, da ich neugierige Fragen fürchtete, doch meine Skepsis verschwand im Laufe des Gespräches. Der Schulleiter war sehr entgegenkommend und wollte glücklicherweise nicht wissen, weshalb ich in die Psychiatrie gekommen war. So regelten wir ausschließlich die Formalien, und ich sollte ab dem nächsten Montag am Unterricht teilnehmen.

Als ich vor der Klasse stand, war mir etwas mulmig zumute, denn ich hatte Angst, der Stempel »Klapse« prange auf meiner Stirn (Vorurteile dieser Einrichtung gegenüber sind ja allgemein bekannt). Natürlich war dem nicht so, und ich wurde nett aufgenommen. Die Klassensprecherin verpasste mir direkt eine exklusive Schulführung, und ich fing an, die inneren Schutzmauern einzureißen. In einer der folgenden Stunden erzählte ich der Klasse von meinem Aufenthalt in der Kinder- und Jugendpsychiatrie, und es erstaunte mich sehr, dass mich niemand auslachte und mir alle Verständnis entgegenbrachten.

Am zweiten Tag geschah es leider doch wieder: Ich kippte mitten im Unterricht vom Stuhl, lag »Jesus-like« am Boden und präsentierte sämtliche Symptome. Sofort sprangen alle auf und stürzten zu mir. Sie waren sehr besorgt und kümmerten sich wirklich lieb um mich. Nachdem die Situation ausgestanden und ich wieder bei klarem Verstand war, endete mein zweiter Schultag am Marie-Curie-Gymnasium, und ich wurde vom Zivi unserer Tagesklinik abgeholt.

Am darauf folgenden Tag führte der Direktor ein Gespräch mit mir, und wir vereinbarten, dass ich mit verminderter Stundenzahl und probeweise geschriebenen Klassenarbeiten am Unterricht teilnehmen sollte. Auf diese Weise wurde mir mein Leistungsdruck (als Perfektionist verstehe ich es immer wieder, mir solchen zu schaffen) genommen, sodass mir die Doppelbelastung Therapie und Schule leichter fiel und ich außerdem mehr Zeit für den Aufbau von Beziehungen hatte.

Mit der Zeit gewöhnte ich mich gänzlich ein und schaffte es

auch nach und nach, Konflikte ohne die ausweichenden Anfälle zu lösen. Für mich stellte das Marie-Curie-Gymnasium einen perfekten Ort dar, an dem immer alles in bester Ordnung abläuft. Dieses Idealbild vervollständigte eine intensive freundschaftliche Beziehung, in die ich mich hineinsteigerte.

Nach drei bis vier Monaten bröckelte der rosarote Putz jedoch allmählich ab, die Normalität kam zum Vorschein und ich zu der Erkenntnis, dass auch an einem vermeintlich reibungsfreien, wunderbar pardiesischen Ort Probleme vorkommen können (oder müssen). Im Gegensatz zu früher betrachtete ich diese Tatsache aber nicht total negativ, sondern kam nach und nach damit zurecht.

DIE NEUE

LISA BECKMANN, 15

Wir hatten gerade Kunst und waren damit beschäftigt, mit Hilfe von Draht und Gips Büsten zu formen, als »die Neue« in unsere Klasse kam. Sie schien zu gewöhnlich, um uns aus unserer Beschäftigung zu reißen. Merkwürdig war nur, dass sie uns nicht verraten wollte, von welcher Schule sie kam. Sie sagte lediglich, sie möchte später allgemeiner etwas dazu sagen, und wir kümmerten uns nicht weiter darum.

Am Anfang der Deutschstunde stellte sie sich dann vor und sagte schließlich: »Ich komme aus der Kinder- und Jugendpsychiatrie Grafenberg. Ich hoffe, ihr habt kein Problem damit. Es wäre nett, wenn ihr es nicht herumerzählen und an die große Glocke hängen würdet ...«

Damit hatte keiner gerechnet, und es löste bei uns großes Erstaunen aus, sodass manch einer wohl sehr ungläubig aus der Wäsche guckte. Es kam so direkt, freundlich und unkompliziert von ihren Lippen, dass es ihr einen ziemlichen Respekt verschaffte und Eindruck hinterließ. Ich denke, dass gerade ihre Offenheit maßgeblich dafür war, dass sich gegenseitige Sympathie und Vertrauen entwickelten und sie so schnell in unsere Klassengemeinschaft hineinwuchs.

Die bewies sich schon nach kurzer Zeit, als sie mitten im Unterricht ohnmächtig wurde und vom Stuhl fiel. Der laute Knall ließ uns alle zusammenzucken. Allerdings dachte ich anfangs, jemand aus der letzten Reihe hätte mit seinem Stuhl gekippelt und sei dabei unsanft auf dem Boden gelandet, das kommt ja hin und wieder einmal vor. So schrieb ich einfach weiter und kümmerte mich nicht darum. Da es aber totenstill im Raum wurde und niemand mehr etwas sagte (was sehr ungewöhnlich für unsere Klasse ist), drehte auch ich mich um und lenkte meine Augen auf ihren Platz. Wir hatten keine Ahnung, was mit ihr los war, wir sahen sie nur reglos auf dem Boden liegen. Schon bald stand die Klasse Kopf, und Panik verbreitete sich: Keiner wusste, wie er mit der Situation umgehen oder wie er sich verhalten sollte. Wir waren so erschrocken, dass ein gutes Viertel der Klasse gleichzeitig zum Rektor rennen und den Notarzt rufen wollte, und während die einen einen kühlen Kopf behielten, nahm der Vorfall die anderen nervlich sehr mit. Man erklärte uns, dass ihre Ohnmacht psychische Hintergründe hätte und dass sie bald wieder zu sich kommen würde. Wir sprachen ausgiebig über die Situation, und uns wurde bewusst, dass man psychisch genauso krank werden kann wie physisch und dass es eines langen Heilungsprozesses bedarf, bis eine sensible Seele wieder gesund ist ...

Es dauerte nicht lange, und sie betrat den Raum, etwas verlegen grinsend, sagte ihrer mittlerweile beruhigten Klasse »Hallo« und entschuldigte sich für den Schrecken, den sie uns eingejagt hatte. Wir waren sehr erleichtert, dass es ihr wieder besser ging, und fanden ihre Entschuldigung überflüssig.

Unsere neuen Erfahrungen wurden erweitert, als wir die Möglichkeit erhielten, uns die Rheinische Landesklinik in Grafenberg genauer anzuschauen. Wir wussten bereits, dass wir keine »Irren« vorfinden würden, da wir dort ein Jahr zuvor mit

Drogenabhängigen gesprochen hatten. Diesmal gingen wir zu einer Lesung, da sie und einige Schüler der Alfred-Adler-Schule der Kinder- und Jugendpsychiatrie Texte von früheren Patienten vorlasen und etwas über den Klinikalltag und die Therapien erzählten. Wir erhaschten außerdem einen Eindruck von dem kleinen, aber feinen Schulgebäude, von der Cafeteria und dem parkartigen Gelände.

Ich glaube, dass diese Einblicke eine wichtige Erfahrung für unsere Klasse waren. Bestimmt setzt keiner von uns mehr Grafenberg mit der Irrenanstalt gleich. Nur schade, dass man so lange mit diesen Vorurteilen gelebt hat und in Düsseldorfs Schulen immer noch über »Grafenberg« gelästert wird, wie wir es einst getan haben.

Ich weiß bis heute nicht, warum sie eigentlich im Landeskrankenhaus war. Eigentlich ist mir der Grund auch egal. Ich finde es nur schön, dass diese Erfahrung uns bereichert hat und sie bei uns ist.

Die Magie der Worte

Pamela, 21

Meine Psychiatriezeit liegt mittlerweile fünf Jahre zurück, und meine Erinnerungen sind nicht die besten. Ich denke, jedem, der so etwas mitgemacht hat, ist es ein Bedürfnis, diese Zeit aus seinem Leben auszublenden und sich endlich »normal« fühlen zu können. Doch leider ist das nicht möglich. Also muss man einen Weg finden, diese Zeit in sein Leben zu integrieren. Ich habe mir einen Weg gesucht, der für mich als der erstrebenswerteste erschien: die Ehrlichkeit. Doch wie ich feststellen musste, war das nicht der richtige.

Am Beginn dieses Weges stand die Schülerzeitung »Klapse« und die danach folgenden zwei Bücher, die viele Betroffene unter

Anleitung von Frau Knopp und Herrn Napp geschrieben und veröffentlicht haben. Im Zuge dieser Öffentlichkeitsarbeit fanden mehrere Lesungen statt, bei denen die Akzeptanz des Publikums überraschend und unglaublich gut war. Diese Ereignisse bestärkten mich in meiner Überzeugung, den richtigen Weg, mit meinem »Makel« umzugehen, gefunden zu haben.

1995 begann ich eine Ausbildung, während dieser Zeit zog ich mich etwas von diesem Weg zurück. Ich erzählte einigen Mitschülern, zu denen ich Vertrauen hatte, von meiner Vergangenheit, doch mit den Lehrern sprach ich nicht darüber. Ich hatte Zweifel, dass sie es so locker nehmen würden wie meine Mitschüler. Ich stellte mir vor, sie könnten denken, ich wolle Mitleid erregen, um bessere Noten zu bekommen oder schlechte Noten damit entschuldigen. Ich wollte nichts geschenkt haben, sondern meinen Abschluss mit dem Gefühl machen, meine Leistungen aus eigener Kraft erbracht zu haben.

Während dieser Ausbildungszeit erreichte ich eine stetige Steigerung meiner Noten, bis ich beste Schülerin meiner Stufe war. Im letzten Ausbildungsjahr teilte ich meine Vergangenheit dann zwei Lehrern mit, die mir sagten, dass sie gerade von mir so etwas nicht erwartet hätten. Das war die schönste Bestätigung, die sie mir hätten geben können. Endlich war ich normal!

Im Sommer 1998 erhielt ich meinen Abschluss, bei dem ich aufgrund meiner herausragenden Leistungen von einer Gesellschaft ausgezeichnet wurde. Dem folgte eine sehr frustrierende Zeit der Stellensuche und Bewerbungen. Da ich bis jetzt nur gute Erfahrungen mit meiner Offenheit gemacht hatte, entschied ich mich auch in meinem Lebenslauf für die Wahrheit. Die zweijährige Lücke erklärte ich mit einem Krankenhausaufenthalt und anschließender Rehabilitation. Das Wort Psychiatrie benutzte ich bewusst nicht, da es in der heutigen Zeit leider immer noch einen sehr negativen Beigeschmack hat. Auf die vielen Bewerbungen bekam ich nur Absagen. Bei einem inoffiziellen Gespräch mit einem Personalbeauftragten einer sehr großen Firma fragte ich, ob die Absagen mit meinem Lebenslauf zu erklären seien. Er sagte mir, dass man bei einem Krankenhausaufenthalt bei jungen Menschen direkt auf Drogenabhängigkeit und bei älteren auf eine Herz-Kreislauf-Erkrankung schlösse. Wenn ich eine Chance haben wolle, müsse ich lügen.

Ich finde es unfassbar, dass es in unserer Gesellschaft wichtiger ist, was man vorgibt zu sein anstatt was und wer man wirklich ist, und dass es nichts bedeutet, was man zu leisten bereit und imstande ist, wenn man nicht einen einwandfreien Lebenslauf hat. Das muss man sich mal in aller Ruhe durch den Kopf gehen lassen. Die Gesellschaft, vor allem die Arbeitgeber, wollen sogar belogen werden. Es macht keinen Unterschied, wie lange eine Krankheit zurückliegt und was man anschließend erreicht hat.

Falls man nun vermutet, das bezöge sich nur auf seelische Erkrankungen, liegt man falsch. Ich spreche hier nicht von der Psychiatrie allein, sondern von allen erdenklichen »Makeln«. Hätte ich anstelle einer Neurose einen Autounfall gehabt, wäre genau dasselbe geschehen, denn einem Wort wie »Krankenhausaufenthalt« kann man viel entnehmen, wenn man nur will.

Wer sich noch immer nicht angesprochen fühlt, sollte sich etwas Zeit nehmen, die Vorstellung eines Unfalls und den eben beschriebenen Folgen für das Leben zuzulassen. Ich kann sagen, wie man sich fühlen würde: Man käme sich überflüssig und ungewollt von der Gesellschaft vor und hätte jedwede Perspektive für die Zukunft verloren. Es sei denn, man entscheidet sich dafür, im Lebenslauf zu lügen, einfach etwas zu erfinden, und damit sich selbst und seine Geschichte zu verleugnen.

Um meine Perspektiven realisieren zu können, entschied ich mich für Letzteres. Ich habe gelogen und aus mir selbst jemanden gemacht, der ich nicht bin, weil die Gesellschaft mir sonst keine Chance gegeben hätte.

Nach der Umwandlung meines Lebenslaufs hatte ich plötzlich Vorstellungsgespräche. Das nennt man wohl die Magie der Worte.

Ich hoffe, dass unsere Gesellschaft irgendwann so weit ist, ihre Vorurteile abzulegen und den Menschen hinter den Wor ten zu sehen. Ich würde es gerne noch erleben, ich sein zu dürfen und mich nicht hinter Lügenbergen verstecken zu müssen. In diesem Entwicklungsprozess kann jeder seinen Beitrag leisten, indem er seiner Umwelt mit Akzeptanz und Toleranz begegnet.

MEIN LEBEN MIT ZWEI GESICHTERN

THOMAS, 20

Nach meiner Entlassung aus der Kinder- und Jugendpsychiatrie hatte ich mir fest vorgenommen, keinem von meinem Klinikaufenthalt zu erzählen. Ich war davon überzeugt, dass viele Jugendliche und auch Erwachsene noch nicht »reif« dafür wären, mit dieser Wahrheit umzugehen. Im Grunde war ich wohl eher unsicher und fragte mich, ob sie dann noch unvoreingenommen mit mir reden könnten, ob sie eventuell Angst vor mir hätten, oder Angst davor, dass ihre Kinder so einen als Freund mit nach Hause brächten. Auf jeden Fall fing mit diesem Vorsatz die ganze Lügerei an, und auf diese Weise kam ich oft in brenzlige Situationen, besonders in der Schule.

Nach dem Klinikaufenthalt ging ich auf eine Realschule, die ich inzwischen mit einem sehr guten Abschluss beendet habe. Es war schwer für mich, wenn meine Mitschüler nach meiner alten Schule fragten, die ich logischerweise vor dieser besucht haben musste. Da beschrieb ich dann immer die Klinikschule in der Kinder- und Jugendpsychiatrie in Grafenberg als »kleine Gesamtschule in Gerresheim«, wobei ich noch anmerkte, dass diese Schule so klein sei, dass sie kaum jemand kenne. Ich wäre ja dumm gewesen, wenn ich mich vor meinen Mitschülern als Klinikschüler und damit als Psychiatriepatient geoutet hätte. Peinlich war es nur, wenn ich zu Klassenkameraden eingeladen wurde, die in meinem Beisein ihren Eltern von der »kleinen

Gesamtschule« erzählten. Die Eltern hakten natürlich kritisch nach: »So etwas gibt es doch gar nicht, fünf Schüler in einer Klasse!?« oder: »Ich habe fünfzehn Jahre in Gerresheim gewohnt, und ich kenne diese Schule nicht!« Es wäre so viel einfacher gewesen, wenn ich meinen Mitschülern ohne Lügen von der Psychiatrie hätte erzählen können.

In meiner Realschulzeit bin ich einmal in einer Pause mit drei Mitschülerinnen ins Gespräch gekommen. Eins der Mädchen berichtete, dass ihr Vater vor einigen Jahren in einer psychiatrischen Klinik gearbeitet habe, und behauptete, dass die Psychiatrie grausam sei. Das andere Mädchen äußerte sich sofort: »Ich habe im Fernsehen und im Kino auch die Psychiatrie gesehen. Da werden die Patienten gefesselt und bekommen Drogen.« Es wurden auch noch andere Behauptungen aufgestellt. Endlich kam ich zu Wort und wollte Vorurteile abbauen. Ich war ganz schön wütend und legte los: »Ihr könnt doch nicht im Ernst glauben, dass es auch noch heute so ist, nur weil ihr es aus Filmen oder von Einzelfällen kennt. Früher starben viele Menschen an einer Infektion, weil es kein Penicillin gab.« Und weil ich immer denke, mit Humor geht's besser, fügte ich noch hinzu: »In jedem Fernsehkrimi ist der Gärtner der Mörder, also müsste für euch jeder Gärtner ein Mörder sein!« Da antwortete mir ein Mädchen doch tatsächlich: »Ach, Thomas, halt dich doch da raus, du hast doch keine Ahnung davon!« Im ersten Augenblick war ich geschockt und sprachlos. Dann dachte ich, wie schlecht meine Mitschüler informiert sind und wie gut sie von den Erwachsenen bzw. vom Fernsehen oder Kino manipuliert werden. Das war für mich wieder ein Grund, nicht offen von meiner »Psychiatrie-Karriere« zu erzählen.

Den Jungs in meiner Klasse hätte ich gerne von meiner Vergangenheit erzählt. Sie hätten bestimmt große Augen gemacht, und ich hätte sie gern auf ihre Vorurteile angesprochen. Vor allem hätte ich nicht mehr so lügen müssen. Mit den von uns geschriebenen Büchern, unserer tollen Schülerzeitung aus der Klinikschule und vor allem mit dem Argument »Jetzt bin ich schon so lange bei euch, und euch ist noch nie etwas aufgefallen« hätte ich sie vielleicht schnell überzeugen können. Aber ein anderer Versuch in diese Richtung hatte mich vorsichtig und misstrauisch gemacht:

Nach der Klinikzeit lernte ich einen Jungen kennen, der mein Freund wurde, aber erst nach einem Jahr habe ich ihm von meiner Vergangenheit erzählt. Er war geschockt. Selbst nach meiner fünften Erklärung blieb er bei seinen Vorurteilen über die Psychiatrie. Er verstand nicht, dass ich ihm nicht schon früher von meiner Psychiatriezeit erzählt hatte. Nach ein paar Monaten haben wir die Freundschaft beendet. Ich zog für mich den Schluss, es sei wohl besser, weiter zu lügen.

Aber ich erlebte auch erfreuliche Reaktionen. Im Urlaub lernte ich zwei Jungen in meinem Alter kennen, denen ich zunächst auch nichts von meinem Psychiatrieaufenthalt erzählte. Ein halbes Jahr später war ich zu einer Buchlesung in Frankfurt. Da einer der beiden in Frankfurt wohnt, hatte ich ihn zu der Lesung eingeladen und danach mit ihm gesprochen. Er war begeistert. Ihm hatten das Buch »Wenn die Seele überläuft« und die Lesung sehr gut gefallen, und er bestätigte mir, dass er zwar auch viele Vorurteile gehabt hätte, aber dass er jetzt ganz anders über die Psychiatrie dächte. Den anderen Jungen hatte ich am Telefon über meine Klinikgeschichte aufgeklärt. Er konnte es kaum glauben, dass ich in der Psychiatrie gewesen war. Solche Leute hätte er sich ganz anders vorgestellt.

Da ich öfter an Buchlesungen oder Veranstaltungen der Klinikschule teilnahm, musste ich, da ich keinen Mut mehr hatte, mich zu outen, immer wieder Ausreden erfinden. Für eine Fahrt nach München zu einer Lesung musste ein angeblicher Onkel herhalten, der heiraten und unbedingt seinen Lieblingsneffen dabei haben wollte.

Die Klassenkameraden haben manchmal dumm geguckt, wenn ich sagte: »Morgen fahre ich nach Berlin.« Aber mit der Zeit bin ich offener geworden, mehr oder weniger, und erzählte ihnen von den Lesungen, natürlich nicht die ganze Wahrheit. Meine Version hieß: Ein Freund von mir ist vor einiger Zeit psychisch erkrankt, und er kam in die Psychiatrie. Ich habe ihn oft besucht und so die anderen Patienten kennen gelernt, die an dem Buch mitgeschrieben haben. Da nur wenige an solchen Lesungen teilnehmen wollen, wurde ich angesprochen, ob ich nicht lesen wolle. Ich könne die Lesungen auch immer ergänzen, indem ich berichte, wie ich als Außenstehender die Psychiatrie erlebt habe. Das klappte wunderbar. So konnte ich ohne Probleme von den Lesungen erzählen und musste mich doch nicht outen.

Mein Problem war und ist, dass ich mit zwei Gesichtern lebe. Das eine gehört dem »normalen« Menschen, der seinen Beruf ausübt und von dessen Vergangenheit die Außenwelt nichts weiß. Das andere Gesicht ist das, das ich auf einer Lesung präsentiere; das Gesicht, das die Psychiatrie erlebt hat und jetzt offen und ohne Angst über seine Vergangenheit reden kann.

Es macht mir inzwischen sogar Spaß, von meiner abgeschlossenen Vergangenheit zu sprechen, schließlich hatte ich auch schöne Zeiten, zum Beispiel mit anderen netten Patienten. Nur, ich darf nicht vergessen – und das merke ich auch immer an –, dass es auch weniger schöne Zeiten gab.

Es macht mich immer ein bisschen traurig, dass ich eigentlich nur auf Lesungen so offen über meine Vergangenheit reden kann. Ich wünsche mir, dass im Unterricht, in Religion, Deutsch, Biologie, Politik oder Sozialwissenschaften, den Schülern die Psychiatrie ein Stück näher gebracht wird, damit alle Jugendlichen, die einmal in psychiatrischen Kliniken waren, anschließend ohne Vorurteile leben können.

WAHNSINNSKARRIEREN

Leben lernen ist mein Sinn des Lebens!
Ich weiß, dass ich noch einen weiten Weg vor mir habe,
um das Geschehene zu verarbeiten und sagen zu können:
Was passiert ist, ist passiert, damit muss ich leben.
Und ich darf es nicht wieder vergessen!

STATIONEN

GABY, 14

IN DER KINDER- UND JUGENDPSYCHIATRIE GELANDET

Alles fing ganz harmlos in den Sommerferien an. Ich aß weniger als sonst, reduzierte meine Portionen, bis ich bald nichts mehr aß. Ich fühlte mich einfach zu dick! An einem Freitagmorgen kam ich nicht richtig aus dem Bett, mein erster Weg galt der Toilette, und obwohl ich noch nicht gegessen hatte, übergab ich mich! Meine Eltern brachten mich trotz Bitten und Betteln zu unserer Kinderärztin. Vor ein paar Wochen war ich schon mal bei ihr gewesen, da wog ich noch 35,3 kg bei einer Größe von 1,54 m. Als ich nun aber auf der Waage stand, zeigte sie nur noch 34,3 kg an! Die Kinderärztin war sehr besorgt darüber und untersuchte mich nochmals gründlich, doch ihr Entschluss stand fest, sie empfahl meinen Eltern, mich ins Kinderkrankenhaus zu schicken. Dort sollte ich dann für ein paar Wochen an den Tropf! Ich war geschockt! Als meine Eltern mir vor einiger Zeit gedroht hatten, sie würden mich ins Krankenhaus schicken, habe ich noch Witze darüber gemacht, und nun sollte alles wahr werden?

Im Krankenhaus angekommen, wurde ich an einen Tropf angeschlossen. Viele Untersuchungen wurden mit mir gemacht. Es wurde festgestellt, dass ich so weit gesund und meine gestörte Essensweise eher psychisch bedingt sei. So holten die Ärzte einen Psychiater hinzu. Dies brachte das Fass zum Überlaufen. Ich flippte aus und drohte, ich würde mich umbringen! Als ich mich nach langer Zeit wieder beruhigt hatte, bekam ich die Sonde gelegt. Obwohl ich nun am Tropf war, nahm ich weiterhin ab. Mein Gewicht war auf 33,1 kg gesunken. Dies brachte mich erneut zum Ausflippen. Die Ärzte beschlossen, mich in die Kinder- und Jugendpsychiatrie Grafenberg einweisen zu lassen.

Mit einem Krankenwagen wurde ich dorthin gebracht. Ein Mitarbeiter durchsuchte meine Sachen. Das machte mich unsicher. Die Kinder waren alle noch in der Schule, gespannt wartete ich auf sie. In der Zeit dachte ich über vieles nach. Ich konnte einfach nicht verstehen, warum meine Eltern einverstanden waren mit der Behandlung hier! Meine Meinung über die Psychiatrie war nämlich zu der Zeit noch folgende: Bekloppte über Bekloppte! Und für bekloppt hielt ich mich nicht.

Als die Kinder aber aus der Schule kamen, änderte ich meine Meinung schnell. Klar, jeder hatte Probleme, wie ich ja auch, doch meine Vorurteile von »Psychiatrie« wurden nicht bestätigt! Ich fand bald schon viele Freunde, kam mit den Mitarbeitern klar und hatte in der Hinsicht fast keine Probleme. Doch der eigentliche Grund meines Aufenthaltes, nämlich meine Essensprobleme, machte mir schwere Kopfschmerzen! Ich wollte einfach nicht mehr zunehmen und weigerte mich zu essen. Ich dachte an meine Eltern und überredete sie, mich mit nach Hause zu nehmen. Der Versuch scheiterte aber schon bald. Mit einem Krankenwagen kam ich in ein Krankenhaus, wurde künstlich ernährt, und die Ärzte legten eine erste, zweite und dritte Phase fest. Die erste Phase rief Wutanfälle, Ausflipper und Tränen hervor. Einmal musste ich sogar fixiert werden! Ich durfte rein gar nichts. Keine Schule, kein Sport, keine Pflicht oder andere Aktivitäten, kein Spüldienst. Ich bekam auch keinen Tages- oder Wochenendurlaub, was allerdings nicht so schlimm war, denn zu der Zeit vermied ich jeden Kontakt zu meinen Eltern. Die erste Phase war grauenvoll! Aber ich nahm zu, und das war ja der entscheidende Punkt. Mittlerweile bin ich zum Glück in der zweiten Phase angelangt, darf für ein bis zwei Stunden in die Schule, mache bei manchen Gruppen mit. Der Kontakt zu meinen Eltern hat sich verbessert. Und am Wochenende gehe ich sogar in den »Tagesurlaub«. Was das Wichtigste ist, ich werde nicht mehr künstlich ernährt, das selbstständige Essen klappt einigermaßen. Manchmal ist es schon sehr schwer, doch ich werde es packen! Oft fühle ich mich wie im Internat. Trotzdem kann ich den Tag der Entlassung nicht mehr erwarten!

Am 24.03.97 war es so weit. Nach einer Woche Belastungs-urlaub wurde ich aus der Kinder- und Jugendpsychiatrie unter der Bedingung, weiterhin die Therapie in Anspruch zu nehmen, entlassen. Außerdem wurde ein Termin mit meinem Hausarzt gemacht, wo ich regelmäßig gewogen werden sollte. Angst, Freude, Erwartungen, Trauer, alle möglichen Gefühle vermisch-ten sich zu einem dicken Kloß im Hals. Wie würde es draußen werden, ohne die Rückendeckung der Ärzte, Erzieher, Thera-peuten und Lehrer ...

Zum Glück fingen gerade die Osterferien an, sodass ich mich zu Hause erst einmal einleben konnte, bevor ich regelmäßig in meine alte Schule gehen sollte. In den Wochen gab es oft Pro-bleme, manchmal fehlte mir die Station sehr! Doch schon bald fing die Schule wieder an, die Ferien waren zu Ende. Da ich im Belastungsurlaub schon zur Schule gegangen bin, war es nur halb so schlimm, trotzdem war das Gefühl anders! Ich war entlassen!

Da keiner meiner Freunde dumme Sprüche über die Klapse von sich gab und mich jeder normal behandelte, war es auch recht einfach, sich »normal« zu fühlen. Manche zeigten großes Interesse und wollten alles über die KJP wissen. So erzählte ich meine positiven Erinnerungen, doch ich sprach auch über man-ches Negative, soweit ich mich überwinden konnte, denn über einige Dinge erzähle ich heute noch nicht gern! Ich erklärte ih-nen auch, dass in einer KJP keiner verrückt sei und die Einstel-lung zu Psychiatrien oft nicht okay ist. Nun, das Interesse ver-flog dann aber genauso schnell wieder, wie es gekommen war. Zum Glück!

Mein Leben »normalisierte« sich wieder, Partys, Freund-schaften, Schule, Noten, Stress usw. Die Therapie mache ich zwar weiterhin, und auch vom Wiegen werde ich nicht ver-schont, aber ich mache Fortschritte! Oft muss ich Verabredun-gen sausen lassen, da ich zur Therapie muss oder zum Wiegen. Das ist zwar schade, aber gut ist, dass ich keine Hemmungen haben muss, meinen Freunden klipp und klar zu sagen: »Tut mir leid, ich muss zur Therapie! Hast du morgen Zeit?« Sie verstehen, dass ich oft keine Zeit habe, und wir verabreden uns für einen anderen Tag. Früher hätte ich so etwas bestimmt nicht sagen können!

VERGESSEN IST NICHT MÖGLICH

Nun ist es also schon ein Jahr her, dass ich aus der Kinder- und Jugendpsychiatrie entlassen wurde! Als ich meine Koffer packte, dachte ich, ich werde die Zeit in der KJP aus meinem Leben streichen! Einfach vergessen.

Doch schnell merkte ich, dass das Vergessen nicht möglich war, zumal ich noch weiterhin Therapie in Anspruch nehmen muss und weiterhin Essensrituale meinen Alltag bestimmen. Die Psychiatrie ist und wird ein Teil meines Lebens bleiben. Vergessen werde ich diese Zeit nie ...

Natürlich muss ich lernen, mit der »Klapsen-Vergangenheit« umzugehen, doch das ist leichter gesagt als getan. Alle meine guten Freunde, Verwandten und sogar meine Nachbarn wissen Bescheid über diese Zeit, jedenfalls meinen sie, Bescheid zu wissen, denn was wirklich geschah, warum, weshalb, wie, das weiß nur ich! Aber allein dadurch, dass ich in einer Psychiatrie war, glauben sie, über mich urteilen zu können. Aber wissen sie wirklich, was in mir vorgeht?

Früher ging ich sehr leichtsinnig mit der Wahrheit um. Ich war mir darüber im Klaren, dass ich dadurch einen wunden Punkt freigab, den man leicht ausnutzen konnte. Da war ich verletzbar, und man konnte mich leicht bloßstellen. Erst seitdem ich entlassen bin, weiß ich, was die so genannten »normalen« Menschen über die Psychiatrie denken! Es wurde so viel Falsches hinter meinem Rücken getuschelt und erzählt, dass es mir manchmal schwer fiel, damit klarzukommen. Ich war oft kurz davor, aufzugeben, einfach alles fallen zu lassen, aufzugeben, was mir lieb war. Eine Zeit lang flüchtete ich wieder in meine Krankheit. Ja, man kann wohl sagen, ich wurde rückfällig. Zum Glück habe ich ein paar gute Freunde, die mir halfen. Auch wenn es ihnen nie bewusst war, gaben sie mir die Kraft, von vorne anzufangen!

Ich möchte einfach nur ich selbst sein und nicht dauernd eine Notlüge erfinden müssen, wenn ich keine Zeit habe, weil ich zur Therapie muss. Die Psychiatrie ist und bleibt ein Teil von mir, den ich für mich behalten muss, ein Teil, der für andere »unerreichbar« ist.

Rückkehr in die wirkliche Welt

Guido, 29

Ein 13-jähriger Junge verliebt sich in ein gleichaltriges Mädchen. So gesehen nichts Ungewöhnliches. Ist das ein Grund, um einen Selbstmordversuch nach dem anderen zu starten und schließlich völlig durchgedreht in der Klapse zu landen?

Auf der Nordseeinsel Langeoog verknallte ich mich während einer Ferienfreizeit des Sportvereins total in ein Mädchen.

Weil die Gefühle so heftig und intensiv und so plötzlich auftraten, sprach ich mit niemandem darüber. Das Mädchen habe ich zu meinem einzigen Lebensinhalt gemacht – ohne mit ihr je gesprochen zu haben. Alles andere war nebensächlich. Ich war bei allem, was ich machte, nur noch zur Hälfte anwesend. Mein Ziel war, sie bei der nächsten Ferienfreizeit wiederzutreffen und sie als Freundin zu gewinnen.

Nach einem Jahr die große Enttäuschung: Sie fuhr nicht mehr mit. Von diesem Augenblick an erschien mir alles sinnlos. Ich wurde immer deprimierter und wollte nach Hause zu meinen Eltern zurück. Mein Zustand wurde so schlimm, dass mein Vater kam und mich abholte, und von da an ging das Drama erst richtig los.

Zu Hause waren meine Eltern ratlos und wussten nicht, was sie mit mir anfangen sollten. Ich spürte, dass ich nicht mehr der Alte war, dass ich mich irgendwie von der Realität entfernt hatte. Mir erschien alles sinnlos. Eine Nacht schlief ich neben meinem Vater an Stelle meiner Mutter. Ich lag die ganze Nacht wach und dachte immer wieder: Alles ist so gegensätzlich. Ich spürte, wie ich nicht mehr in die Realität zurück konnte, und dieser Zustand machte mir große Angst. Dieses von der Realität Entferntsein kam auch durch meine Eltern. Ich fühlte, dass sie mich nicht verstanden. Meine Eltern brachten mich schließlich zu einem Psychiater. Auf den ging ich nach einer Weile los. Ich wollte einfach, dass mir endlich jemand hilft. Er hat mich dann in die KJP eingewiesen.

Mir war klar, dass ich mich in einer Klapsmühle befand, und damit konnte ich mich nicht abfinden. Zunächst hatte ich so ein Gefühl von Angst und Abenteuer, weil ich so ganz auf mich allein gestellt war, obwohl ich die Erzieher als verständnisvoll und nett wahrnahm.

Aber ich stellte mir zum Beispiel vor, dass im Essen und Trinken irgendein Stoff sei, der die Erzieher und Therapeuten für die Arbeit abhärten würde und der uns Patienten ruhig stellen sollte. Ich dachte, das Fernsehprogramm würde extra nur für die Station ausgestrahlt. Außerdem glaubte ich, ein Therapeut säße immer in einer Kammer und könnte ganz genau mitbekommen, was ich fühlte und dachte.

Ich bekam Haldol, und das hat meinen ganzen Bewegungsapparat lahm gelegt. Ich konnte auch nicht mehr Sport treiben, was mir früher viel Spaß gemacht hatte. Einige Patienten konnte ich nicht von Erziehern unterscheiden, weil sie für mich genauso fit waren. Irgendwann kam ich in die Klinikschule. Das war eine ganz andere Form von Schule. Die Lehrer durfte man duzen, und alles war sehr familiär. In den Pausen saß man mit den Lehren auf einer Couch und unterhielt sich. Sehr überrascht hat es mich, dass ein Lehrer manchmal, statt Unterricht zu machen, über meine Probleme mit mir redete.

Anstatt meine Krankheit zuzulassen und den Aufenthalt in

der Klinik als Entwicklungschance zu nutzen, wollte ich nur eines: raus, zurück zu meiner Mutter und möglichst schnell wieder in meine alte Schule. So wurde ich nach drei Monaten gegen ärztlichen Rat entlassen. Viel zu früh, wie mir später klar wurde.

Ich war damals 15 und wollte unbedingt in mein altes Leben zurück. Irgendwie hatte ich das Leben immer als Wettrennen angesehen. Dabei kam es darauf an, möglichst gut gegenüber den Mitschülern in der Schule abzuschneiden, sich in der Klassengemeinschaft zu behaupten, bei den Mädels anzukommen, beliebt zu sein. Bei diesem Wettkampf durfte ich nicht fehlen, ich musste dabei sein, ich konnte doch nicht einfach aufgeben. In der Schule ging es weiter wie vorher. Meine Situation und ich hatten sich überhaupt nicht geändert. Durch meine Streberei bekam ich gute Noten, aber glücklich machte mich das nicht.

Mit 17 kam ich in ein Internat. Dort konnte ich spüren, wie ich an Selbstbewusstsein gewann und emotionalen Abstand zu meinen Eltern bekam. Ich lebte mit Gleichaltrigen zusammen und war gezwungen, mich mit den anderen auseinander zu setzen Dadurch erlebte ich viel mehr als zu Hause bei den Eltern. Es war gut für mich, und trotzdem ging ich nach einem halben Jahr wieder zu meinen Eltern zurück. Das war der größte Fehler meines Lebens, und es gibt nichts, dem ich so hinterher trauere wie dem Internatsaufenthalt. Ich wollte zurück zu meinen Eltern, obwohl meine Familiensituation furchtbar bedrückend für mich war.

Schon als Drei- oder Vierjähriger spürte ich genau, dass in unserer Familie etwas nicht stimmte. Meine Mutter war fast immer todunglücklich und völlig überfordert mit mir. Mein Vater war passiv und lächelte dauernd, obwohl ihm gar nicht zum Lächeln zumute war. Meine Mutter schickte mich ins Bett, obwohl ich gar nicht müde war. So gewöhnte ich mir an, im Bett rhythmisch hin und her zu wackeln. Ich schlug regelmäßig mit dem Kopf gegen die Wand, um irgendeine Art von Befriedigung zu spüren. Dieses Verhalten habe ich bis heute beibehalten. Es ist wie eine Sucht.

Mit meinen Eltern sprach ich nie, weil ich wusste, dass sie tausend Lichtjahre von mir entfernt waren. Sie sind im Grunde zwei Personen, die selbst nicht klarkommen und Kinder brauchen, um ihr Leben etwas schöner zu machen.

Ich war ihr Spielzeug. Meine Eltern haben mich verwöhnt nach dem Motto: »Unser Kind soll es mal besser haben.« Sie haben mich völlig lebensuntüchtig gemacht. Meine Eltern waren, auf einen Nenner gebracht, »zu gut«. Sie haben mir das Leben zu einfach gemacht, haben keine erfüllbaren praktischen Forderungen an mich gestellt. Das heißt, sie haben mich nicht mithelfen lassen im Haushalt, mir überhaupt keine Verantwortung übertragen, die meine Persönlichkeit hätte formen können. Stattdessen wurde ich für die Gefühle meiner Mutter verantwortlich gemacht. Ich sollte meine Mutter glücklich machen. Das war für mich zu jeder Zeit, besonders aber in der Pubertät, eine hoffnungslose Überforderung.

In der Schule fühlte ich mich nur unwohl. Ich erwartete irgendwie, dass mich Mitschüler oder Freunde aus meiner desolaten Lebenssituation herausreißen würden. Das geschah nicht, das konnte nicht geschehen, aber ich war darüber permanent frustriert und wurde immer depressiver.

Einmal die Woche ging ich in eine Gruppensitzung bei einem Kinder- und Jugendpsychiater. Außerdem hatte ich regelmäßig Kontakt zu einem Lehrer aus der Klinikschule und rief ihn bei Problemen an. In den nächsten Jahren kriselte es immer wieder, mal mehr, mal weniger. Der Psychiater und der Lehrer verstanden mich wohl gut, aber sie konnten mich nicht aus meiner Familiensituation retten. Ich brauchte eine erwachsene Person, die mich verstand und mir die Welt ein bisschen erklären konnte und mit der ich hätte leben können.

Ich lag viel im Bett, hörte Musik und träumte von einem freien Leben. Ich stellte es mir schön vor, einmal eine Freundin zu haben. Sie sollte mir den »finalen Befreiungsschlag« ermöglichen. Sie würde mir helfen, meine gefühlsmäßige Bindung an meine Mutter zu lösen.

Mit 19 hatte ich mein Abitur in der Tasche und war wieder

reif für die Psychiatrie. Diesmal war es keine Psychose, sondern nur eine Krise.

Ich lebte ein Jahr lang in einer Einrichtung für Betreutes Wohnen im Bergischen Land. Das brachte mir letztendlich aber nichts und endete nur wieder mit einem vierwöchigen Klinikaufenthalt. Es war bereits der dritte Psychiatrieaufenthalt, und ich war gerade 20.

Sollte so mein Leben weitergehen? Rein in die Klapse, raus aus der Klapse? Mir fehlte ein stabiler emotionaler Ersatz für meine Eltern, damit ich die ungesunde Abhängigkeit von ihnen aufgeben und selbstständig werden konnte. Freunde kommen und gehen. Freunde fühlen sich schnell überfordert und lassen dich fallen, wenn es dir auf Dauer schlecht geht.

Mein Leben wäre sicherlich so weitergegangen, wenn ich nicht Jochen, einen achtzehn Jahre älteren Freund gefunden hätte. Er hat mir mehr geholfen als alle Psychiater, Psychologen und Sozialarbeiter zusammen. Jochen war anders. Er war sozusagen Freund, Vater, Erzieher, Psychologe, Psychiater und Sozialarbeiter in einem. Er sah meine Probleme nicht als Job an, sondern stand mit seiner ganzen Person hinter mir. Er hat meine Situation, er hat mich verstanden.

Im Gegensatz zu dem Psychiater und dem Lehrer hatte er viel Zeit für mich. Er gab mir einfach das, was ein guter Vater gibt. Durch ihn habe ich gelernt, mir selber zu helfen. Er hat mich immer wieder aufgebaut, wenn ich nicht mehr weiter konnte. Er hat mich geliebt.

Ich glaube, dass nur Menschen, die einen lieben und den anderen nicht von sich abhängig machen, helfen können. Er hat mir das Gefühl von Glück gegeben.

Mit 22 Jahren habe ich endlich angefangen, meinen Weg zu gehen, Entscheidungen gegen meine Eltern zu fällen. Ich habe eine Lehre angefangen und durchgezogen, obwohl ich mich unendlich schwer getan habe im Berufsleben. Heute, mit 29, stehe ich im Grunde immer noch unfertig mit nicht allzu viel Selbstbewusstsein da, obwohl ich schon eine Menge geschafft habe.

Ich möchte in einer Gemeinschaft leben, mich mit anderen auseinander setzen. Ich habe das dauernde Alleinsein satt. Ich möchte auch das Verhältnis zu meinen Eltern verbessern. Ich möchte aber auf keinen Fall aus meinem Alleinsein fliehen, indem ich eine Kleinfamilie gründe. Das kann ich mir überhaupt nicht vorstellen. Aus meinen Erfahrungen denke ich, Kinder sollten mehr Bezugspersonen haben als nur ihre Eltern.

Heute weiß ich, was ich damals falsch gemacht habe. Ich bin einfach nicht konsequent meinen Weg gegangen. Es hat mir nichts gebracht, es anderen Leuten, Lehrern oder Eltern recht zu machen. Es hilft nicht, auf Psychiater zu vertrauen oder sonst irgendjemanden auszuwählen, der einen aus allem herausholen soll. Nur ich selber hätte mich befreien können. Damals tat ich es nicht, damals konnte ich es nicht.

EINE ANDERE DIMENSION

TALAYEH, 18

Es ist schon viel zu spät, ich weiß. Ich sitze hier in meinem Bett, im Drogenrausch, neben mir liegt mein Partner, vor mir raschelt meine Ratte, das Licht ist gedämpft, und Kerzenschein erfüllt diese Zelle. So sieht diese Nacht aus ... und ich versuche jetzt, nach einem Jahr, mich so zu fühlen wie die alte Tala.

Ein Jahr, zwei Monate und zwölf Tage sind seit meiner Entlassung aus der Psychiatrie vergangen. Viel ist passiert, sehr viel. Wenn ich zurückdenke, war diese Zeit bis jetzt in verschiedene Dimensionen aufgeteilt. Es ist so viel passiert, dass ich das Gefühl habe, alles sei ein Traum.

An dem Tag meiner Entlassung musste ich heulen, wofür ich mich heute verfluche. Vor Freude auf ein neues Zuhause und vor Trauer wegen des Abschieds von der Klinik. Ich wurde hier mit Rosen, Kaffee und Kuchen begrüßt, und ich weiß noch, wie klein ich mir vorkam. Alles war neu, mein Leben würde sich ändern, das wurde mir an diesem Tag bewusst. Am Abend saßen wir noch in meiner Stammkneipe, es lief meine Musik, mein Verlobter war bei mir, ich konnte ohne schlechtes Gewissen mein Bier trinken, und alles sah so schön nach Freiheit aus ... Freiheit. Ich wollte sie haben, es war wie eine Gier, die ich unbedingt stillen musste, eine fast krankhafte Besessenheit. Keine Therapie mehr! Keine Psycho-Kacke mehr!

Ich konnte zu der Zeit kaum schlafen, zum Teil auch, weil meine Medikamente rapide runtergesetzt wurden, größtenteils jedoch wegen Nervosität. Mein Kopf arbeitete pausenlos. Jedes Wochenende hieß es für mich: Party, Freiheit kosten, ganz spät wiederkommen und genießen, genießen, genießen ... ich hatte echt Glück mit meinen toleranten Sozis! Größtenteils machten sie sogar mit, unsere Geschmäcker unterscheiden sich nicht besonders. Ja, Party und genießen ... konsumieren.

Die längste Kifferpause hatte ich in der Anstalt, immerhin sechs Monate. Hinterher habe ich bei den Urintests immer andere für mich pinkeln lassen. Nun, wo ich keiner Kontrolle mehr unterlag, war's noch viel einfacher. Ja verdammt noch mal, es war einfach zu genial, zu schön der Rausch, zu gut das Gefühl! Durch die ganzen Verbindungen, die ich so schnell hatte, lernte ich einige neuen Szenen in meiner Stadt kennen. Konsumszenen, was sonst. Es dauerte nicht lange, da tauchte das Geschenk des Lebens auf. Zufriedenheit pur, nicht ein Hauch von meinem verhassten Misstrauen. Die warme, weiße Linie, streiche sie lang und gerade, zieh sie dir in dein verwirrtes Hirn rein! Lüg dir was vor, komm schon! Du hast jahrelang nichts anderes gemacht, jetzt kannst du's wenigstens genießen! Zu perfekt, das Gefühl. Drei Mahlzeiten wurden durch drei Pep Lines ersetzt. Vor der Schule zum Mitdenken, nach der Schule zum Malen, in der Nacht zum Schreiben. Überaktiv, spontan, offen für neue Dinge – das war nicht ich!

Das Glück war schnell vorbei, Verwirrung, Depressionen, Gewichtsverlust, Kreislaufprobleme, Hautenzündungen ... Nein, das waren keine Gründe aufzuhören, nicht mal die

Schwierigkeiten in meiner Beziehung konnte ich wahrnehmen. Hardcore.

Ich haute oft ab, wurde von den Bullen gesucht, ich aß nicht mehr, sprach kaum noch und verkroch mich absolut in meine Welt. Ich weiß gar nicht mehr, wie viele Nächte ich durchgemacht habe. Ich weiß nur, ich war kaputt. Fertig. Ich wurde richtig wahnsinnig. Ich konnte nichts mehr im Kopf behalten, Stunden kamen mir wie Sekunden vor, manchmal mussten sich meine Freunde anders hinsetzen, weil bestimmte Stellen in meinem Zimmer leer sein sollten. Ich hörte meinen Namen rufen, obwohl keiner hier war, sah Dinge, die es nicht gab, wie den Kopf einer Bekannten aus der Psychiatrie, die sich ihr Leben genommen hat. An meinem Geburtstag hatte ich so viel intus, dass ich die Leute gar nicht mehr wahrnahm.

Das Ende dieser Hölle begann mit der Nachricht, dass ich eine Klassenkonferenz hatte und meine Versetzung gefährdet war. Das hat gesessen. Ich fühlte mich viel zu ausgepowert für eine Nachprüfung. Die Sommerferien fingen an, und die Tage vergingen, alles verschwamm. Ich habe nicht einmal ans Lernen gedacht. Viel wichtiger war zu wissen, wo ich am schnellsten was zu rauchen kriegen könnte. Wieder weg von der Chemie, zurück zur Droge »Wahrheit«: dass die Realität eigentlich sinnlos war und immer mit dem Rückzug in die eigene krankhafte Welt, die ich wenigstens verstand, endete.

Es artete ausgerechnet am Geburtstag meines Verlobten aus. Ich erinnere mich genau. Wir hatten eine kleine Auseinandersetzung, und für mich wurde es immer schwieriger, bei der Sache zu bleiben. Ich sah ihn, dann Personen aus meiner Welt. Innerlich verabschiedete ich mich schon von ihm und diesem Leben. Chaos, da war was aus der Kontrolle geraten, und ich war gelähmt, Stimmen, so schön vertraute Stimmen von einer grausam vertrauten Welt. Ich lief weg. Weg zum Sterben.

Seine Hände packten mich, und er schüttelte, als wollte er mich aufwecken. Seine Augen ließen nicht von mir ab. Letztendlich brachte er mich zurück zu seiner Wohnung. Vergebliches Versuchen, mit mir zu sprechen. Ich war wie in Trance.

Am nächsten Morgen wollte er mich nicht gehen lassen, und ich versprach tausendmal, dass nichts passieren wird. Da war eine Tala, die redete und um den Tod von der gelähmten Tala kämpfte. Ich fuhr nach Hause. Keine Gefühle, weder Trauer noch Schuldgefühle noch sonst etwas. Ein Glas Wasser, eine letzte Message aus meiner Welt, viele Pillen. Monate zuvor wusste ich, ich werde sie brauchen. Das Sammeln fing schon in der Klinik an. Alle anderen waren vom »Szene-Arzt«. Es ging sehr schnell. Die genussvollste Ruhe, die ich je hatte. Eine schwebende Feder, die wunderbare Stille, wenn man im Wasser abtaucht und ganz alleine für sich ist. Kein Gefühl zum Körper, nur Seele ... ich schlief. Verwirrung. Geräusche. Da waren Geräusche. Meine Augen sind offen, da ist was Grünes. Ich habe tatsächlich geglaubt, ich hab's geschafft. Hier ist sie. Die Schande. Der vereinbarte Schmerz. Vereinbart mit mir, als ich noch dumm, naiv und Kind war. Und es war falsch. Schnell entdeckte ich die Kabel an mir, wollte sie losreißen. Mehr weiß ich von diesem Tag nicht, nur dass ich mit Lebenskraft um den Tod kämpfte ...

Die darauf folgenden Tage versank ich in Lethargie, schrieb einige Texte und lächelte krampfhaft, wenn ein Dämon von Helfer kam. Ich wusste genau, was sie vorhatten. Ich wusste aber auch, dass ich zum Mord fähig war, wenn sie mich noch mal einschließen würden. Und das wusste auch jeder andere, und so kämpften meine Betreuer um eine »normale« Entlassung. Die Voraussetzung war eine neue Therapie. Leichter ging es gar nicht. Als Übertherapierte wusste ich, was ich sagen musste. Schon im ersten Gespräch hatte ich das Gefühl, dass mein Gegenüber etwas Angst vor mir hatte. Er fragte mich mehrmals, was er denn tun solle und ob ich mir das nicht noch einmal überlegen wolle mit ihm. Das Gespräch war äußerst schnell vorbei, und ich war das erste und letzte Mal da. Zur Hölle mit allen Besserwissern, die meine kranke Seele analysieren wollen! Sie ist so gespalten und aufs Schauspielen perfektioniert, dass jeder verzweifelt aufgibt. Nein, ich halte mich nicht für Gott, nur für meinen eigenen. Und wenn man mal die Menschen beobachtet, verdienen wir auch nicht mehr als Verachtung. Tiefe Verachtung.

Die habe ich auch empfunden, als Fragen wegen Üben für die Nachprüfung aufkamen. Fast lachte ich schon darüber. Voll mit Drogen, gerade erst weg von den Schläuchen, habe ich mir leider, leider keine Gedanken um meine Versetzung gemacht, entschuldigt! Noch mal opfern, die Schnauze halten, Gefühle verdrängen. Ja, keine Angst. Nach einem Tag Lernen kam ich mit der Bestätigung zurück, dass ich versetzt werde. Und alle waren sie zufrieden.

Es war eine der schwierigen Zeiten. Ja, Frank, hassen ist leicht, Hass so lange mit sich tragen ist schwer. Ich glaube, zu dieser Zeit war ich kaum erträglich. Es endete immer mit meinem Rückzug. Ich hörte nur noch psychedelische Musik und sorgte für einen wohltuenden Rausch. Vor Klärungsgesprächen lief ich weg. Ich glaube, es war Scham, die ich empfand. Ich hatte es nicht geschafft, weder zu leben noch zu sterben. Ein funktionierendes Etwas, was ich nie sein wollte.

Der einzige Mensch, der da noch Gefühle in mir wecken konnte, war Marc. Und ich möchte dir mit diesen Zeilen sagen, dass ich nie vergessen werde, was du für mich getan und geopfert hast. Wir haben zusammen so viel Bull-Shit durchgemacht, egal, wie tief wir im Dreck saßen, wir haben's immer geschafft. Ich weiß, dass ich ein schwieriger Mensch bin, und danke dir deshalb für alles. Erst jetzt, nach einem Jahr, merke ich, wie viel Kraft du mir in der Zeit gegeben hast. Wie oft du deine eigenen Wünsche zurückgesteckt hast, um es mir recht zu machen. Du bist der Mensch, der genau weiß, wie es in mir aussieht.

Auch allen anderen danke ich für das Interesse, das sie gezeigt haben, und ihre Versuche, auf irgendeine Art und Weise zu helfen. Viele habe ich zurückgewiesen, auch verletzt. Letztendlich bin ich aber doch ein Mensch, der selber entscheidet, wann ich was will. Ja, mein Wille, mein Hass, meine Verachtung, mein Spott über andere, mein Ego, auch meine Arroganz, schließlich sind diese negativen Gefühle doch wichtig für mich gewesen, um zu überleben. Zeig dich nie schwach, sonst fressen sie dich mit Haut und Haaren. Den Ausgleich für diese Ladung an Gefühlen fand ich wie immer im schönen Rausch, den ich auch heute mit nichts messen möchte. Fast möchte ich sagen, dass das THC mein bester Therapeut war und ist.

Die nächste Dimension, die ich durchlebte, war aufgeteilt in schöne Filme voller Fantasie , die mich nicht abrutschen ließen und mir neue Sichtweisen zeigten, und in bittere Realität, voll mit Konflikten, Hürden und Problemen. Das Typische war wieder mal Schule. Knapp drei Monate bin ich nicht mehr hingegangen, weil ich nur noch Aggressionen spürte, wenn ich die lächelnden, unschuldigen Gesichter sah. Dementsprechend sahen die Noten auf dem Zeugnis aus. Meine Leute regten sich auf, weil ich schon als heller Kopf galt. Irgendwann wollten alle wissen, was ich nun vorhabe. Schulwechsel.

Natürlich scheiterte auch dieser Versuch. Die Winterferien fingen an, und im Dauerrausch gefiel mir sogar der kommerzielle Weihnachts-Konsum-Scheiß. Kaum etwas kam so nah an mich heran, dass es mich hätte verletzen oder runterziehen können. Vielleicht war ich sogar manisch, vielleicht glücklich, vielleicht auch einfach nur verblödet. Jedenfalls tat nichts weh, nicht einmal mehr der Anblick meiner Arme. Ich hätte noch darüber lachen können. Wenn es etwas gab, was ich in dieser Zeit gelernt hatte, dann dieses, seinen eigenen Anforderungen gerecht zu werden. Vor allen Dingen nicht mehr auszurasten, wenn mir die Erwartungen der anderen bewusst wurden. Vor zwei Jahren noch hätte ich Schuldgefühle bekommen, die sich in Selbstverachtung verwandelt hätten, und ich hätte mich so unter Druck gesetzt, dass die Explosion gegen mich gegangen wäre. Nach jahrelanger Selbstverstümmelung wurde mir klar, dass mein Krieg innerlich geführt werden muss, und die Leichen, die zurückbleiben, werden mir immer die Fehler vor Augen halten, die nicht noch mal passieren dürfen. Sie werden bis an mein Ende faulen und Warnung geben. Diese Leichen waren es auch, die mich davor schützten, auf Hilferufe von anderen zu reagieren.

Viele meiner Mitpatienten von früher versuchten in der Zeit, Kontakt zu mir aufzunehmen. Dem einen ging's schlechter als dem anderen. Psychiatrie-Mama Tala verpasste jedem einen Abriss. Mir wurde da bewusst, dass sie die größeren Verlierer sind. Ich zog eine sehr deutliche Grenze zu allem, was mich an die Kinder- und Jugendpsychiatrie erinnerte. Ich denke, ab da fand eine wichtige Veränderung in mir statt.

Als die Schule wieder anfing, machte ich mir zum ersten Mal intensiv Gedanken um mein Leben und um meine Zukunft, die sehr abhängig von Gesellschaft, Politik und Umfeld ist. Es waren noch fünf Monate bis zum Schulabschluss, und ich wusste, dass kaum Ausbildungsplätze frei waren, dass sich die meisten schon längst darum gekümmert hatten, dass ich vor meinem 23. Lebensjahr mein eigenes Einkommen verdienen muss, um einen unbefristeten Aufenthalt in Deutschland zu bekommen. Dass ich erst mal eine Arbeitserlaubnis brauche, um alles auf die Reihe zu kriegen. Und wenn »Normalos« es schon schwer haben, einen Platz zu bekommen, wie sollte es dann bei einem Menschen sein, der immer auf alles zu sensibel reagiert und zudem noch provokativ aussieht?

Ich wusste einfach, dass ich es mir nicht mehr erlauben konnte, Kind zu sein und bei Problemen abzuschmieren. Mein Panzer wurde stabiler, und ich setzte alles daran, den Anfang für diesen Weg gut hinzubekommen. Das sah so aus, dass ich die Nächte durchmachte und mich in den Schulstoff regelrecht hineinsteigerte. Etliche freiwillige Arbeiten, viele Stunden ohne Schlaf. Jegliches Gefühl von Kaputtsein erstickte ich sofort. Von einem Zeugnisdurchschnitt von 5,2 im Halbjahr kam ich auf ein Abschlusszeugnis der zehnten Klasse mit Qualifikation.

Ja, ich gebe zu, das was ein Erfolgserlebnis. Ein Erfolgserlebnis, worauf ich mich aber nicht ausruhen durfte. Es folgten Gänge zum Anwalt, Standesamt, Arbeitsamt – momentan auch das Gesundheitsamt. Ich stecke eigentlich in einer Stress-situation, von der ich glaubte, sie nie bewältigen zu können. Ohne meine persönliche Rückzugswelt und ohne meinen Panzer hätte ich es auch nicht geschafft. Momentan warte ich auf eine Antwort auf meine Bewerbung, auf einen Anruf von meinem Chef, der mir meinen ersten Tag des Aufhilfsjobs nennen wird, und auf mein nächstes Hilfeplangespräch, bei dem ich meinen Auszug aus der WG in die eigene Wohnung besprechen will. Ich warte auf die nächste Dimension, denn mit dieser bin ich jetzt fertig. Ich möchte nicht, dass die Psychiatrie noch einmal eine Rolle in meinem Leben spielt und mich aus der Bahn wirft.

Alles ganz normal

Viktoria, 21

Jetzt ist es schon drei Jahre her, dass ich aus der Kinder- und Jugendpsychiatrie entlassen worden bin. Meine Diagnose damals? Magersucht! 46 kg, ein Gewicht, mit dem es sich ja durchaus leben lässt. Und dann? Zuerst lief alles ganz normal. Ganz normal für mich und meine Situation: Jeden Tag esse ich brav meine 2000 kcal, zähle sie haargenau, und wenn ich einmal darüber bin, zu viel Schokolade esse, so ein- oder zweimal im Monat, nehme ich eine 30er-Packung Abführtabletten. Alles ganz normal. Alles Sachen, mit denen ich mehr oder weniger gut zurechtkomme. Ich kann ein geregeltes Leben führen, ein Leben mit Schule, Praktikum und Freunden, bis zu jenem Tag, an dem der Zeiger der Waage die 50 kg erreicht hat. Ich brach zusammen, heulte und schrie: »Ich hasse mich, ich hasse mich, ich hasse mich!« Dieser Tag, etwas länger als anderthalb Jahre liegt er zurück, hat mein Leben verändert. An jenem Tag beschloss ich, eine Diät zu machen, eine Gemüsediät. Anfangs klappte alles so, wie ich es wollte. Ich nahm ab, drei oder vier Kilo vielleicht, doch dann kam der Heißhunger. Ein Heißhunger auf alles, was fettig und süß und verboten war. Ein Heißhunger, den ich nicht unterdrücken oder bändigen konnte. Also musste ich los, Essen besorgen, verbotene Lebensmittel, und zwar viel, denn wenn ich schon fresse, dann muss es sich auch lohnen ... und Abführmittel, um das Essen wieder loszuwerden, denn die Konsequenzen vom Essen – sorry, Fressen – zu tragen, nein, dazu bin ich nicht bereit. Diesmal probiere ich eine neue Sorte Tabletten aus. Ich habe gehört, dass sie viel besser wirken sollen. So ganz traue ich dem Braten nicht und hole vorsichtshalber eine 75er-Packung. Endlich zu Hause, kann die Fressorgie losgehen. Im Wechsel fresse ich und stopfe Abführmittel in mich hinein, bis das ganze Essen in mir ist, bis alle Tabletten in mir sind, bis ich wimmernd vor Bauchschmerzen gekrümmt auf dem Boden liege, bis ich mich verachte, hasse – und auf die Wirkung der Tabletten warte. Die ist durchschlagend. Einen Tag verbringe ich in meiner Wohnung auf dem Klo. Es tut weh, verdammt weh, aber abends ist der Horror vorbei, mein Bauch flach, die Diät kann weitergehen. Abwechselnd fresse ich einen Tag, nehme Abführmittel und sitze am nächsten Tag auf dem Klo fest. Tag für Tag, ein halbes Jahr.

Mit Mühe und Not und einer einfühlsamen Klassenlehrerin wird mir das Schuljahr anerkannt, denn meine Fehlzeiten häufen sich. Trotzdem steigere ich meine Leistung, schreibe Einsen, bin Klassenbeste, hilfsbereit, immer freundlich und gut drauf. Was hinter der Fassade ist, ahnt lange Zeit keiner. Tränen, Selbsthass, Wut, Verzweiflung und verdammt große Einsamkeit. Mein Gewicht geht immer weiter in den Keller, 45, 44, 43, 42, 41 kg.

Dann glaubte ich, mein Leben auch ohne Tabletten und Gewichtsphobie meistern zu können, hatte keine Lust mehr, so wie bisher weiterzuleben. Ich wollte mir nichts mehr verbieten. Alles war erlaubt, ohne Abführmittel.

Drei Tage fresse ich, glaube zu genießen, glaube das schlechte Gewissen verdrängen zu können. Die Waage steigt sprunghaft an: 2, 3, 4 Kilo. Am dritten Abend packt mich die Panik. Von dem Hochgefühl ist nur noch Angst geblieben. Tot will ich sein oder wieder dünn. Also greife ich erneut zu den Abführtabletten, will retten, was noch zu retten ist. Schlucke an diesem Abend

200 Stück, gehe schlafen, warte auf ihre Wirkung, in acht oder neun Stunden vielleicht. Mitten in der Nacht wache ich auf. Mir ist unsagbar übel. Ich gehe ins Bad, setze mich aufs Klo. Gleich geht's los! Plötzlich überkommt es mich. Die Übelkeit steigt nach oben. Mir bleiben wenige Sekunden, um vom Klo zu springen, mich umzudrehen und ... ein orangefarbener Nahrungsbrei, farbähnlich den Abführtabletten, ergießt sich in die Kloschüssel, auf die Brille, auf den Boden. Ich würge, kotze, würge, kotze ... Nach wenigen Minuten ist alles vorbei, mein Magen leer, mein Bauch flach. Ich hänge in meiner eigenen Kotze, ekel mich selbst an. Trotzdem bin ich froh, dass es vorbei ist. Ich habe mir einen ganzen Tag der Gefangenschaft auf meinem Klo gespart. Während ich das Bad putze, schießt mir nur ein Gedanke durch den Kopf: Könnte ich doch kotzen, dann würde ich mir viele Tage auf dem Klo sparen und könnte trotzdem fressen. Immer fressen, jeden Tag! In den nächsten Wochen übte ich das Kotzen. Stundenlang stand ich im Bad, würgte, erbrach bis zur Erschöpfung ... und wie das alte Sprichwort schon sagt, die Übung macht den Meister, in diesem Fall die Meisterin. Was ich am Anfang mit Finger und Hilfsmitteln wie Löffel, Gabeln usw. machte, funktionierte nach einer Zeit mit leichtem Druck unterhalb des Magens und zuletzt mit dem Beugen des Kopfes über die Kloschüssel. Was am Anfang viel Putzarbeit verursachte, war später fast schon »hygienisch«. Was am Anfang ein Brötchen war, wurde zu Massen von Lebensmitteln. Was am Anfang meine Entscheidung war, wurde zu einem selbstständigen Mechanismus. Es wurde Bulimie.

Ein Gefühl des Triumphes überkam mich. Ich konnte fressen so viel ich wollte, was ich wollte, wann ich wollte und hielt doch mein niedriges Gewicht. An besonders »guten« Tagen wurde es sogar weniger. Doch dieses Hochgefühl hielt nicht lange an. Ich wurde schlapp, müde, lustlos, wollte immer nur essen und hasste es gleichzeitig, immer nur essen zu wollen. Nach den Sommerferien 1997 war ich bei sieben bis acht Fressattacken pro Tag, ging nicht mehr zur Schule, fraß, kotzte tagelang. Gleichzeitig nahm ich wieder Abführmittel, aus Angst, dass doch einmal etwas in mir blieb. Mein Gewicht war auf 39 kg gefallen, ich war verzweifelt, wollte niemanden mehr sehen und hören und fühlte mich gleichzeitig völlig allein gelassen. In einem Moment tiefster Verzweiflung bewarb ich mich um einen Platz in einer Fachklinik für Essstörungen und hatte Mitte Oktober meinen Aufnahmetermin.

Jetzt bin ich seit drei Wochen nach einem viermonatigen Aufenthalt dort entlassen. Hat der Aufenthalt mir etwas gebracht? Ja, ich habe wieder ein bisschen gelernt zu essen, zu leben, zu genießen – und weiß, dass diese Klinik nur der erste Schritt aus einer lang gelebten Sucht ist. Allzu oft benutze ich alte Muster, allzu oft kreisen meine Gedanken nur um das geliebte und gehasste Essen. Von der Klinik aus bin ich in eine betreute WG nach Detmold gegangen – Gott sei Dank. Hier habe ich die Chance, neu zu beginnen: eine neue Schule, neue Menschen, eine neue Stadt. Es ist eine Chance, bei der ich nicht mehr abhängig von meinen Eltern bin, zumindest nicht mehr finanziell. Jetzt liegt es an mir, diese Chance zu nutzen, die Hilfe, die mir von Betreuern, Therapeuten und Mitbewohnern angeboten wird, anzunehmen.

Leider weiß ich die Ursache meiner Krankheit immer noch nicht. Es könnte alles sein, aber genauso gut auch nichts. Tatsache ist, ich kann meinen Bauch nicht leiden. Und nicht nur das, ich hasse ihn regelrecht. Mein Bauch, das macht alles an mir aus. Er bestimmt, wie es mir geht, wie ich mich fühle, welche Laune ich habe, ob ich mich unter Menschen traue oder lieber allein bleibe. Mein Bauch, das bin ich. Niemand darf meinen Bauch sehen, geschweige denn anfassen. Ein Arztbesuch, eine Untersuchung – eine Horrorvorstellung für mich. Eine feste Partnerschaft – undenkbar! Mein Bauch ist mein Bauch. Es reicht, wenn ich ihn sehe und hasse. Es reicht, wenn ich ihn quäle, ihm weh tue, ihn misshandle.

Mein Bauch, darunter verstecke ich meinen gesamten Oberkörper. Das ist ein Teil von mir, den ich am liebsten ausradieren würde. Doch was ist der Oberkörper für einen Menschen, für eine Frau? Er macht ihre Weiblichkeit aus. Weiblichkeit? Die lehne ich ab, nicht grundsätzlich, nur für mich. Möchte ich männlich sein? Um Gottes willen! Nein! Ganz sicher nicht. Aber wenn ich nicht weiblich und noch viel weniger männlich sein will, was dann? Ein Kind vielleicht? Ja und nein! Ich möchte nicht hilflos, klein und wehrlos sein wie ein Kind. Nur den Körperbau eines Kindes, den will ich haben.

Vielleicht ist es ein Schutz, ein Schutz vor dem dummen Anmachen auf der Straße. Schließlich macht Mann kein Kind an, oder? Schließlich will Mann doch kein Kind als Freundin, oder? Mann will Frau oder Frau will Frau, aber keiner von beiden will Kind. Kind ist also sicher vor festen Beziehungen. Warum Kind sicher sein will, das weiß ich nicht.

Es gibt noch einen zweiten Grund, den ich mir vorstellen könnte, er liegt in meinem Elternhaus. Unsere Familie, das war eine Bilderbuchfamilie. Geradezu vorbildlich, wie das alles lief: Der Vater geht fleißig jeden Tag arbeiten, die Mutter führt tadellos den Haushalt und erzieht nebenbei noch ihre drei Kinder, die Kinder gehen alle zum Gymnasium und bringen gute Noten nach Hause, und sonntags ist Familientag. Da gehen alle zusammen in die Kirche. Nachmittags folgt der Sonntagsspaziergang und das gemeinsame Kaffeetrinken. Ja, und hinter der Fassade? Schreien, Wutausbrüche, Prügel, Streit, Zwänge, Regeln, Tränen – und dann begann meine Krankheit. Eine Krankheit, die mich in die Psychiatrie brachte.

Eine Krankheit, die mich zu Hause rausholte, eine Krankheit, die mir meine Freiheit schenkte.

Oft hasse ich mich für die Wahl meiner Krankheit, doch sie hat mich befreit, befreit von allem, was ich zu Hause so schrecklich fand. Sie hat mich da herausgeholt. Jetzt habe ich ein eigenes Zuhause, mit eigenen Regeln, Zwängen, Tränen und Strafen, eigentlich kein besseres als früher. Ich mache genau das weiter, was meine Eltern mir vorgelebt haben, mit einem Unterschied: Diesmal ist es mein Leben, nur ich bestimme, kontrolliere, misshandle, und nur ich entscheide, wann und wie.

Das Buch der Erinnerungen

Rebecca, 19

Ich liege in meinem Bett und habe das Gefühl, ich läge auf
steinigen Felsen. Alles fühlt sich hart und kalt an, Decke und
Kissen. Ich versuche zu schütteln, aber es bleibt alles so hart ...
immer und immer!

Wenn ich in meinem »Buch der Erinnerungen« blättere, ist sie
wieder da, diese grauenvolle, schmerzliche Vergangenheit, und
es tut immer noch so weh. Manchmal versuche ich einfach alles zu verdrängen, doch es ist nicht so leicht. Irgendwann, in
einem unerwarteten Moment, kommt es stückchenweise wieder hoch. Es ist ein quälender Schmerz, wenn die Vergangenheit mich nicht loslässt. Dieser Schmerz hat mich sehr oft in den
Wahnsinn getrieben, bis ich nicht mehr wusste, was ich tat. Von
Selbstverletzung bis zum Selbstmordversuch war alles drin.
Doch dank der ambulanten Therapie habe ich es geschafft, mich
von diesen Erinnerungen nicht mehr in den Selbstmord treiben
zu lassen. Seit ungefähr zwei Jahren ist Selbstmord für mich kein
Thema mehr. Der Gedanke daran ist zwar noch ab und zu da,
und oft, wenn die Verzweiflung mich packt, ist es schwer, nicht
die Kontrolle zu verlieren. Aber zum Glück bleibt es bei dem
Gedanken. Rückschläge gibt es immer wieder, aber ich habe
gelernt, die Erinnerungen anders zu verarbeiten, als zu sagen:
»Ich springe jetzt!«, »Ich schlucke jetzt!«

Ich hoffe, dass das, was ich mir in den letzten dreieinhalb
Jahren an Stabilität erarbeitet habe, auch so bleibt. Vor allem
wenn ich bedenke, dass sich mein Leben grundlegend geändert
hat und noch weiter ändern wird. Zum Ersten habe ich endlich
eine Ausbildung angefangen, die ich bisher trotz anfänglicher
Übelkeit und Kreislaufproblemen gut durchziehe, und zum
Zweiten werde ich in einigen Tagen meinen geschützten Lebens-
rahmen im Mädchenwohnheim, wo ich fast vier Jahre gewohnt
habe, verlassen, um in einer eigenen Wohnung Fuß zu fassen.

Unterstützung finde ich dabei in meiner derzeitigen Therapeutin, einer Psychiaterin, und in meiner Tante und ihren Kindern.
Sie geben mir ein bisschen das Gefühl, doch eine Familie zu
haben, auch wenn ich mir nicht sicher bin, was das Wort Familie eigentlich bedeutet. Aber ich konnte zumindest für mich klar
machen, dass man Reinhold und Geli, meine Erzeuger, ethisch
nicht als meine Eltern bezeichnen darf, denn es gehört etwas
mehr dazu, als nur die Kinder auf die Welt zu bringen.

Vierter März. Mein Geburtstag. Jedes Kind wäre fröhlich und
aufgeregt an diesem Tag, doch ich weiß, dass mich nicht mehr
erwartet als an all den anderen 365 Tagen im Jahr. – Es ist 7 Uhr.
Ich höre den Wecker klingeln und stehe auf, obwohl ich mich
am liebsten den ganzen Tag unter der Bettdecke verkriechen
würde. Dann mache ich mich fertig für die Schule. Als ich noch
einmal durch die Wohnung gehe, muss ich wieder feststellen,
dass niemand da ist. Reinhold, auch genannt Vater, ist schon seit
Tagen wieder auf Lkw-Tour. Geli, auch genannt Mutter, ist
schon, wie so oft, seit 5.00 Uhr weg. Auf dem Esstisch liegt wie
immer ein Zettel, auf dem steht: »Ich arbeite heute bis 18.00
Uhr. Sei da, wenn ich komme. Du musst heute das Katzenklo
sauber machen, und die Katze hat im Wohn- und Schlafzimmer
auf den Teppich gekotzt, sorge dafür, dass es weggemacht wird.
Auch muss der Müll runter, und mit dem Flur sind wir auch
dran!« Nichts zu lesen von »Herzlichen Glückwunsch«. Ich
frage mich, ob sie überhaupt noch weiß, wann sie mich zur Welt
gebracht hat.

Die Erinnerung bricht ab, aber eine neue zwingt mich zurück
in die Vergangenheit:

Es ist Winter. Über Nacht hat es geschneit, und es ist alles weiß
draußen. Da Reinhold und Geli, auch genannt Eltern, ihre Ruhe
haben wollen, schicken sie meinen Bruder und mich raus zum
Spielen. Draußen bauen schon einige Kinder einen Schneemann.
Schnell haben wir alle die Zeit vergessen, und aus dem
Schneemannbauen ist eine Schneeballschlacht geworden.

Irgendwann bemerke ich, dass mein Bruder nicht mehr da ist, und höre die Kirchenglocken läuten, was bedeutet, dass es schon 19.00 Uhr ist. Da es schon so spät ist, und mein Bruder wahrscheinlich schon nach Hause gegangen ist, gehe ich auch nach Hause. Als ich die Wohnungstür aufschließen will, reißt Reinhold auch schon die Tür auf. Er macht einen freundlichen Wink, nach dem Motto: Tritt ein! Sobald ich in der Wohnung bin, schlägt er die Tür zu und schleift mich ins Wohnzimmer. Mein Bruder steht mit verheulten Augen in der Ecke. Reinhold fragt mich, ob wir eine Schneeballschlacht gemacht hätten. Ich antworte nur: »Ja.« Dann sagt er, ich solle den Kochlöffel aus der Küche holen. Geli sitzt auf dem Sofa und sieht starr dem Treiben zu. Ich hole den Kochlöffel aus der Küche, und ich weiß, was kommt. Er sagt nur: »Hose runter!«, und dann ...

Erbarmungslos drängen sich weitere Erlebnisse aus meiner Kindheit in mein Bewusstsein, aber diesmal macht es Spaß, sich der Erinnerung hinzugeben, es tut so gut ...

Wochenende. Ich hab nicht lange geschlafen, aber ich bin ausgeschlafen. Eine sanfte, beruhigende Stimme flüstert mir ins Ohr: »Guten Morgen, Sonnenschein!« Es ist Joshua. Er ist mein Beschützer und mein bester Freund. Das Besondere an ihm ist, dass nur ich ihn sehen und hören kann. Er ist der Einzige, mit dem ich über alles sprechen kann. Allerdings ist er nicht der Einzige, der zu mir steht. Ich habe ganz viele Freunde, die nur für mich da sind. Sie hören mir zu, wenn ich ihnen mein Herz ausschütte, und alle beschützen mich. Aber Joshua ist der Allerbeste. Wir unternehmen viel zusammen, gehen auf Reisen nach Atlantis oder nach Mimmiland. Dort gibt es keine Erwachsenen, nur kleine Seelen. Er ist einfach da, wenn ich ihn brauche. Ich muss nur seinen Namen rufen. Er schlägt mich nicht und fasst mich auch nicht an und sagt nie etwas Verletzendes. Joshua legt immer ein Schutzschild über mich. Wenn Reinhold mich schlägt, tut es nicht so weh. Er beschützt mich vor allen großen bösen Seelen.

Schade, diese Erinnerung bricht ab, aber bevor ich mich in die nächste stürze, frage ich: »Joshua, bist du noch da?«, und ich höre ihn ganz leise. Er ist immer noch da, eben wie ein richtiger Freund!

Meine Schuhe müssen zugebunden werden, weil ich in den Kindergarten muss. Reinhold und Geli, auch genannt Eltern, sind im Wohnzimmer. Ich traue mich nicht so recht, zu ihnen zu gehen und sie zu fragen, ob sie mir die Schuhe zubinden. Das letzte Mal haben sie einen riesigen Aufstand gemacht. Aber die Schuhe müssen doch zugebunden werden, und ich kann das noch nicht. All meinen Mut fasse ich zusammen und gehe ins Wohnzimmer. Ich bitte Geli, mir doch die Schuhe zuzubinden. Plötzlich rastet Reinhold aus und schimpft rum, was ich doch für ein blödes, kleines Balg sei. Er schleift mich in eine Ecke des Wohnzimmers und besteht darauf, dass ich so lange dort sitzen bleibe, bis ich das Schleifebinden richtig kann. Die Folgen kannte ich, doch sie waren mir in diesem Moment egal. Im Kindergarten habe ich später dann gezeigt bekommen, wie man eine Schleife bindet, und nach kurzer Zeit konnte ich es auch.

Eine neue Erinnerung hat sich schon in meinen Kopf gesetzt.

Ich stehe auf einem hohen Berg, und überall sind hohe dunkle Bäume. Ich komme mir so klein vor. Reinhold und Geli sitzen etwas weiter weg an einem Lagerfeuer. Vor mir ist ein Brunnen. Ich möchte nur kurz in den Brunnen schauen. Plötzlich habe ich das Gefühl, als ob mich irgendetwas in den Brunnen drückt. Ich bin reingefallen. Ich ertrinke, ich versuche zu schreien, aber immer, wenn ich den Mund aufmache, strömt Wasser rein. Irgendwas zieht mich in die Tiefe, ich kann nicht atmen, ich ersticke. Es fesselt mich, es erdrückt mich, ich kann mich nicht bewegen. Ich will aufwachen, es ist so realistisch. Ist es wirklich passiert? Ja! Ich war acht Jahre alt. Irgendjemand zieht mich raus, total durchnässt muss ich am Lagerfeuer ausharren, bis die Kleidung wieder trocken ist, da ich keine trockene Kleidung mehr dabeihabe.

Ich will nicht mehr. Es dauert lange, bis ich das beengende, erdrückende und bedrohliche Gefühl loswerde. Ich kann nicht mehr, ich will, dass das alles ein Ende hat. Diese Erinnerungen sind eine grausame Qual. Sie sollen aufhören, ich will einfach nur einschlafen, aufwachen, als sei nichts gewesen. Plötzlich rasen kurze Bilder, Namen, Begriffe und Wörter durch meinen Kopf.

»Kleine Schlampe«, ein Kochlöffel, Schreie, »kleine dreckige Ratte«, verweinte kleine Augen, blauer kleiner Körper, starre, schweigende Frau, genannt Mutter, im Hintergrund. Eine Faust, Blut, Wut und Hass, ein Messer, ein Mord an einer Kinderseele, ein Mord, ein Wunsch, ein Selbstmord ... versuch.

Weiter! Die Flucht aus dem mordenden Alltag. Die Flucht geht nach Holland mit den Großeltern auf den Campingplatz, auf dem ich sehr viel Zeit als Kind verbracht habe. Es ist eine Zeit, die ich nie vergessen werde. Sie ist eine Kerze gewesen in der scheinbar ewig währenden Dunkelheit meiner Kinderzeit. Dort waren immer alle sehr nett, auch die Erwachsenen. Dort bin ich so ausgelassen und fröhlich gewesen wie sonst nirgendwo. Meine Großeltern waren mein Rettungsanker. Ich erinnere mich, sehe Bilder, schöne Bilder. Sonne, Strand, riesige grüne Felder, freundliche Menschen, Geborgenheit, Freiheit, keine Schläge. Diese Erinnerungen beruhigen mich. Doch sobald ich mich etwas daran festgeklammert habe, fängt es schon wieder an.

Ich sitze im Wohnzimmer auf dem Boden, der Fernseher läuft, und ich baue ein Kartenhaus. Reinhold und Geli sitzen auf dem Sofa. Mein Bruder ist nicht zu Hause. Geli sagt, dass sie Hunger auf Süßes habe, und Reinhold fügt hinzu, dass er ein Bier wolle. Geli geht zum Kiosk. Ich bin so mit mir beschäftigt, dass ich nicht richtig mitbekomme, was um mich herum geschieht, und dass Geli die Wohnung bereits verlassen hat, um Bier und Süßes zu besorgen. Ich bleibe mit Reinhold, auch genannt Vater, alleine. Plötzlich sagt er, ich solle zu ihm kommen und mich auf seinen Schoß setzen. Ich ...

Ich will diese Erinnerung nicht, ich verweigere mich ihr! Doch die nächste lässt nicht lange auf sich warten.

Geli geht mit mir einkaufen. Es ist eine gereizte Stimmung. Als wir aus dem Geschäft kommen, laufe ich weg. Ich laufe auf den Kirchplatz. Geli rennt hinter mir her. Sie ruft andauernd, dass ich stehen bleiben soll, aber ich renne weiter. Ich will einfach nur weg. Meine Beine sind kurz, aber flink. Sie rennt eine ganze Weile hinter mir her und ist völlig hysterisch und aggressiv. Ich finde langsam Spaß daran, doch dann schlage ich einen Haken in die verkehrte Richtung, und schon hat sie mich am Arm gefasst. Sie tobt und schleift mich nach Hause. Dort geschieht das, was öfter geschah und meinen Hass gegen sie weiter schürt.

Ich verdränge jede weitere Erinnerung daran, denn dieses Hassgefühl erlebe ich immer noch sehr stark, und ich kann immer noch nicht gut damit umgehen. Weiter Rebecca, weiter ...

Wieder sehe ich Reinhold. Er erscheint mir so riesig, oder bin ich so klein? Ich bin ganz klein, kann noch nicht laufen. Er hält mich in den Händen, aber nicht wie ein Vater sein Baby in den Händen hält, sondern eher wie ein Metzger ein Stück Fleisch präsentiert. Er redet irgendetwas vor sich hin, doch ich verstehe nicht, was er sagt. Reinhold setzt mich hin. Es ist nicht irgendein Ort, an dem er mich absetzt, sondern die Motorhaube seines heiß geliebten Autos. Der Wagen wird ganz laut und röhrt unter mir. Ich habe panische Angst und weine. Ich schreie.

Bei jeder neuen Erinnerung stelle ich mir die Frage, wie Menschen so sein können. Wie kann man andere Menschen nur so behandeln, wie sie mich behandelt haben. Ich weiß, dass es nicht nur mir so ergangen ist und dass es leider auch Menschen gibt, die noch Schlimmeres durchgemacht haben, gerade durchmachen und in Zukunft durchmachen werden. Aber wieso? Warum quälen Menschen Menschen? Eine Frage, auf die niemand jemals eine wirkliche Antwort bekommen wird.

Wieder ein neuer Gedanke schießt hoch. Geli, Reinhold und ich sind irgendwo. Ich weiß nicht wo, aber wir sind nicht zu Hause. Da sind Leute, ein Mann und eine Frau, offenbar Eheleute, die ich nicht kenne, aber Reinhold und Geli kennen sie. Diese Leute haben einen kleinen Hund. Er sitzt ganz ruhig neben dem Sofa. Als er aufstehen will, schlägt ihn der Mann mit voller Wucht mit einer Zeitung und sagt: »Sitz!« Der Hund bleibt sitzen. Wir sind den ganzen Tag bei diesen Leuten, doch ich weiß nicht, was wir dort machen und in welchem Verhältnis sie zu Reinhold und Geli stehen. Am Abend war ich noch etwas draußen. Es ist eine ländliche Gegend. Überall nur Wiesen und Felder. Irgendwann merke ich, wie Reinhold und Geli zum Auto gehen und sich reinsetzen. Ich stehe einfach nur da und sage nichts. Ich warte darauf, dass sie mich rufen und sagen, dass ich einsteigen soll, aber sie sagen nichts. Sie fahren einfach los. Ich renne mit meinen kleinen Beinen so schnell ich nur kann hinter ihnen her und schreie wie am Spieß. Diese Leute, die ich nicht kenne, kommen auf mich zu und holen mich ins Haus. Ich wehre mich mit Händen und Füßen, schreie und weine. Ich weine so lange, bis ich einschlafe. Was weiter passiert ist, weiß ich nicht. Ich weiß auch nicht, wie lange ich bei diesen Leuten war und was ich dort gemacht habe, aber Reinhold und Geli scheinen mich irgendwann wieder abgeholt zu haben, sonst wäre ich nicht in Düsseldorf aufgewachsen. Doch warum sie mich dort hinge-bracht haben und mich an jenem Abend dagelassen haben, werde ich wohl nie erfahren. Ich kann nur darüber spekulieren.

Ich möchte heulen, kann es aber nicht. Ich wünschte, das alles würde enden. Nur noch eine Erinnerung, das muss sein – durch, durch, durch!

Ich sehe einen Teller mit Spinat auf dem Tisch vor mir stehen. Ich höre mich sagen, dass ich diesen Spinat nicht mag. Doch Reinhold ist der Meinung, dass gegessen wird, was auf den Tisch kommt. Ich bleibe hartnäckig und weigere mich weiterzu-essen. Ohne ein Wort und blitzschnell hat Reinhold mein

Gesicht in den Spinatteller gedrückt. Ich springe auf, schreie und beschimpfe ihn. Und schon hatte ich eine Ohrfeige. Der Spinat verteilt sich im ganzen Esszimmer, und das Einzige, was Geli zu sagen hat, ist: »Reinhold, jetzt schau dir doch mal diese Sauerei an!« Anschließend wurde ich natürlich dazu verdonnert, alles tipptopp sauber zu machen.

Alle diese Erinnerungen tun verdammt weh, und ich habe das Gefühl, dass sie überhaupt nicht aufhören, mich zu quälen. Es ist wie ein ständig wiederkehrender Alptraum. Ich weiß dabei nie, ob ich wach bin oder ob es einfach nur ein Traum ist. Es ist immer wieder so verdammt real.

Manchmal wünsche ich mir, ein Vogel zu sein, um den ganzen quälenden Erinnerungen einfach davonzufliegen, oder ein Delfin, der mit einer gigantischen Geschwindigkeit durch das aufbrausende und unberechenbare Meer schwimmt auf der Suche nach einem ruhigen und sicheren Gewässer.

Ich weiß immer noch nicht, was für einen Sinn mein Leben hat und wie meine Zukunft aussehen wird, aber im Moment ist das nicht so wichtig, auch wenn ich große Angst davor habe. Zurzeit heißt mein Motto vielleicht: Leben lernen ist mein Sinn des Lebens! Ich weiß, dass ich noch einen weiten Weg vor mir habe, um das Geschehene zu verarbeiten und sagen zu können: Was passiert ist, ist passiert, damit muss ich leben. Und ich darf es nicht wieder vergessen!

Wahnsinnskarriere

Christiane, 27

Interessant und unverwechselbar zu sein, wer hat diesen Wunsch nicht? Und da stellt sich die Frage: Wie wird man das? Irgendetwas hat es damit zu tun, immer wieder aufzustehen und sich nicht auf einen Platz verweisen zu lassen, an dem man nicht wirklich stehen möchte, und: Wer sind diese Menschen, die immer besser wissen, was gut für mich ist? Aus welchen Motiven handeln sie so, wie sie handeln, an welcher Stelle ziehen sie für sich einen Nutzen aus den Entscheidungen, die sie für mich treffen? Wer sind die Guten und die Bösen in diesem Spiel? Wie kann ich sie erkennen?

Ich bin 26 Jahre alt. Ich habe die Diagnose Borderline, eine Rehabilitationsmaßnahme vom Arbeitsamt und gelte als schwer behindert. Drei Dinge, die mich relativ unverwechselbar machen und für bestimmte Personenkreise auch interessant.

Eigentlich war eine »Karriere« als brave Tochter vorgesehen, die das Gymnasium besucht, mehr oder weniger erfolgreich, in jedem Fall aber Abitur macht und studiert. Heute muss ich feststellen, dass ich offensichtlich die einzige meines Jahrgangs bin, die eine ganz andere Art von Karriere gemacht hat. Noch habe ich kein Abitur und auch nur einen mittelmäßigen Realschulabschluss, wenigstens habe ich einen Ausbildungsplatz, wenn ich auch nicht zur Abschlussprüfung zugelassen werde – bei meiner Art von »Karriere« muss ich halt bei Nebensächlichkeiten Abstriche machen, und was ist heutzutage schon ein Abschluss! Ferner kann ich mittlerweile ein stabiles, soziales Netz vorweisen, wie es in Fachkreisen heißt.

Dies alles klingt sehr ironisch, aber es ist meine Möglichkeit, mit dem, was ich bisher erlebt habe, umzugehen. Ich hoffe, dass ich diese Ironie eines Tages nicht mehr brauchen werde, denn ich wünsche mir, meine Erfahrungen irgendwann einsetzen zu können, ohne mit Nachteilen rechnen zu müssen.

Achtzehn Monate Klinikaufenthalt in der Kinder- und Jugendpsychiatrie liegen hinter mir, und mit meiner Entlassung verlasse ich ein Umfeld mit klaren Regeln, das mir eine gewisse
Sicherheit gegeben hat. Die Zeit in der Klinik war nicht durch-
gehend gut oder schlecht, eher zeitweise relativ langweilig. Doch
immer war da ein Gefühl von Angenommensein und Geborgenheit. Nun bin ich draußen und muss feststellen, dass da
keiner nur auf mich gewartet hat und dass ich mir erst mal einen Platz erkämpfen muss in der Welt der »Normalen«. Ich
beginne ein Praktikum in einer Beschäftigungstherapie einer
Klinik und wechsle innerhalb eines Tages die Seite von Betreuer zu Betreuerin. Habe ich morgens, am Tag meiner Entlassung
aus der Kinder- und Jugendpsychiatrie, noch auf der Station
gestanden und zum hunderttausendsten Mal den Spruch »Kann
mir mal einer die Küche aufschließen?« von mir gegeben, so
bekomme ich nun, an meinem Praktikumsplatz, die Schlüssel
für die Therapieräume und bin jetzt also eine von denen, die
am längeren Hebel sitzen. Von nun an führe ich ein Doppelleben: Am Arbeitsplatz versuche ich, alle Anforderungen zu erfüllen, und auch vor Familie und Freunden bemühe ich mich,
stark zu sein. Auf der anderen Seite falle ich schnell wieder in
die alten Verhaltensmuster zurück, weil ich nicht in der Lage
bin, für mich selbst zu sorgen. Ich wende mich an die Frauen-
beratungsstelle, deren Telefonnummer mir meine Therapeutin
bei der Entlassung gegeben hat. Die Wartezeit für einen
Therapieplatz, teilt frau mir mit, beträgt neun Monate. Zwei
Monate halte ich irgendwie durch, dann versuche ich mich
umzubringen.

Im Nachhinein gibt es für mich viele Dinge, die ich damals
noch nicht klar genug gesehen habe. Aus meiner heutigen Sicht
ist ein Klinikaufenthalt von dieser Dauer als nachteilig zu be-
werten. Man hatte mich über eineinhalb Jahre an eine Lebens-
form gewöhnt, in der es wenig Selbstständigkeit gab, sodass die
Klinik mehr ein Zuhause als alles andere für mich war. Des-

halb denke ich, habe ich nach der Entlassung die logische Konsequenz gezogen und bin wieder in meine alten Verhaltensmuster zurückgefallen, um wieder »nach Hause« zu dürfen. Ich habe damals nicht einschätzen können, dass mich der neue Praktikumsplatz möglicherweise überfordern könnte, und habe mir eingebildet, mit dem »Seitenwechsel« wäre ich auch meine Probleme los. Eine weitere Schwierigkeit nach der Entlassung war die Tatsache, dass ich keinerlei therapeutische Weiterbegleitung hatte, die meiner Meinung nach im Anschluss an einen stationären Aufenthalt unabdingbar ist, wenn es »draußen« noch kein stabiles soziales Netz gibt. Ein Hinweis auf eine geeignete Anlaufstelle, die sofort erreichbar gewesen wäre, wäre wohl das Mindeste, was damals hätte passieren müssen. Ich bin sicher, dass mir dadurch einiges erspart geblieben wäre.

OKTOBER 1991

Wenn ich bisher schon einiges in Richtung Psychiatrie kennen gelernt habe, so erlebe ich nun Dinge, von denen ich nicht mal wusste, dass es sie gibt. Zunächst einmal lerne ich den Krisendienst kennen und bekomme ein regelmäßiges Gesprächsangebot. Die Mitarbeiterin dort ist mir auch bei der Suche nach einem Hausarzt behilflich. Jetzt habe ich zwei Anlaufstellen, treffe auf viele hilfsbereite Menschen und lerne eine mir völlig neue Weltanschauung kennen.

Trotz aller Hilfe ziehe ich die Sicherheit der vertrauten Mechanismen meiner Krankheit vor und fixiere mich auf meine Essstörung und die Autoaggressionen. Dies bietet mir für kurze Zeit Entlastung. Meine Problematik spitzt sich jedoch so zu, dass ein weiterer Klinikaufenthalt, diesmal auf einer neurologischen Station, unumgänglich wird. Dort soll ich die Wartezeit bis zur Aufnahme in eine psychosomatische Klinik überbrücken. In der Neurologie bekomme ich zum ersten Mal Psychopharmaka, sodass ich bald das Gefühl für Zeit völlig verliere und nur so vor mich hinlebe.

Ich denke, dass ich damals nicht in der Lage war, Beziehungen zu anderen Menschen aufzunehmen, und mir dies nur auf dem Wege gelang, schwach, hilflos und krank zu sein. Durch die professionellen Helfer(innen) bekam ich die Art von Zuwendung, die ich aus der Kinder- und Jugendpsychiatrie kannte. Ich traf oft auf Personen, die Interesse an meiner nicht alltäglichen Geschichte hatten, und das auch zeigten. Diesen Leuten konnte ich erzählen, was ich in der Kinder- und Jugendpsychiatrie erlebt hatte, ohne mich schämen zu müssen, was im Verwandten- und Bekanntenkreis oft nicht möglich ist. In einem Arztbericht heißt es später sehr bezeichnend: »Patientin ist sehr ›gespächsintensiv‹ und zeitaufwendig, aber sympathisch.«

Dieses Sich-treiben-Lassen und nicht um die Zukunft kämpfen war leider auch der erste Schritt zurück in die Psychiatrie. Aus heutiger Sicht scheint es mir so, als wenn ich unbewusst wieder in diese Sicherheit, dieses »Zuhause« Klinik gewollt habe. Ich hatte einfach keinerlei Vorstellung davon, wie ich ohne die Psychiatrie überhaupt klarkommen sollte.

März 1992

Meine Gedanken bringen mich um. Ich bin innerlich tot. Ich bin nicht mehr, ich fühle mich kaum mehr. Wer bin ich, wo bin ich? Ich habe mich verloren. Keiner weiß, weshalb ich mich so merkwürdig verhalte. Ich solle doch auch etwas tun, irgendwas müsse ja auch von mir kommen, ich dürfe mich nicht hängen lassen. Das ist keine Anklage gegen meine Mitmenschen, aber ich fühle mich oft so einsam, gefangen in mir, nicht unbedingt alleine. Mein Körper ist nur noch ein Ballast, der Schmerzen in sich birgt, ich bin leer – das Nichts, in das ich falle. Wenn andere meinen Körper zum Weiterleben zwingen, so bedeutet das, dass sie mich zurückzwingen wollen in diesen Körper, der ich bin. Ich frage mich, weshalb sie nicht begreifen, dass »Exitus« Freiheit und Entlastung bedeutet, endlich nichts mehr spüren, keinen Schmerz mehr. Tod bedeutet frei sein. Aber umgekehrt?

Man versucht, mich am Leben zu halten, ich habe die Verantwortung teilweise abgegeben, aber das heißt, dass ich gezwungen werde, meine Seele in meinem Körper zu lassen. Nach außen hin sieht alles okay aus, denn ich bin physisch gesund, aber der Abfluss für meinen Seelenmüll ist verstopft, ich vergifte mich selbst, denn die Seele wird die Giftstoffe nicht los. Mein Körper ist immer häufiger nur noch ein einziger Schmerz; ich spüre die scharfen, kantigen Stücke meiner Seele im Bauch, im Kopf und vor meinen Blicken. Sie blockieren manchmal schon den Weg zu meinen Mitmenschen. Noch habe ich Blickkontakt zu anderen, noch höre ich sie, aber wie lange noch? Ich habe Angst, mich von allem zu entfernen, aber Nähe ist noch schlimmer, ich brauche Abstand, um nicht auch noch von außen zu ersticken. Die Splitter bringen die Welt um mich herum zum Schwingen, zum Vibrieren, zum Lautwerden und Verschwimmen, ich kann mich selbst nicht finden. Wenn ich mir körperlichen Schmerz zufüge, finde ich mich Momente lang, spüre mich kurz, bis ich wieder in dem Strudel mit kreisenden Bewegungen immer schneller in eine Leere, dieses Nichts in mir, gezogen werde. Fange ich an zu denken, so werde ich tiefer in das Nichts gezogen, nicht mal die einfachsten Dinge erreichen mich mehr, obwohl ich wirklich will, aber ich ersticke sonst.

Jetzt bin ich an meinem persönlichen Tiefpunkt angelangt, der zugleich den Höhepunkt meiner Psychiatriekarriere darstellt. Mit aller Gewalt versuche ich, auf der geschlossenen Station der Erwachsenenpsychiatrie einen Schlusspunkt unter mein Leben zu setzen. Ich sehe keine Perspektiven und ich kämpfe gegen mich selber, bis ich mich ernsthaft selbst gefährde. Ich will nicht auf der Station bleiben, bekomme einen Unterbringungsbeschluss nach PsychKG und werde das erste Mal fixiert. Das heißt schlicht und ergreifend, dass ich nun noch zwei Quadratmeter Bett als meinen privaten Bereich betrachten kann, auf denen ich angebunden werde, um für mich selbst keine Gefahr darzustellen. Ich habe keine Ahnung, wie es weitergehen soll, und gerate immer tiefer in den Teufelskreis der Selbstverletzung. Diese Seite meiner Persönlichkeit erlebe ich als völlig abgespalten und nicht zu mir gehörig. Ich beobachte mich von außen wie jemand Fremden und identifiziere mich überhaupt nicht mit mir.

Die Zwangseinweisung in die Erwachsenenpsychiatrie erfolgte nach dem Aufenthalt in der psychosomatischen Klinik, in der ich nicht mehr tragbar war. Im Anschluss an diesen ersten Unterbringungsbeschluss folgten noch acht weitere Unterbringungen nach PsychKG. Längst war mir klar, dass ich, auch wenn ich mich noch immer normal fühlte, schon lange nicht mehr als normal angesehen wurde, ich hatte es amtlich. Der aufnehmende Arzt begrüßte mich damals mit den Worten: »So, hier ist jetzt die Endstation, wir können Sie nicht mehr woanders hinschicken.«

Irgendwann beginne ich wieder, Kontakt zu Leuten draußen aufzunehmen, und finde mich in Situationen wieder, die vermutlich auch die Normalsten hätten verrückt werden lassen. So bin ich mal eine ganze Nacht fixiert worden, und anderntags erlaubte man mir, mit einer Freundin einen Stadtbummel zu machen. Dabei beobachte ich mich von außen und finde mich so lächerlich. Wie krank bin ich nun eigentlich wirklich? Wenn ich mich schon nicht ernst nehmen kann, was denken dann die Leute um mich herum? Schwarz oder weiß, ich werde hin und her geschleudert zwischen Stimmungswechseln, es ist kaum zu ertragen. Dann lege ich gemeinsam mit meiner Rechtsanwältin Beschwerde gegen den Beschluss ein und muss feststellen, dass das Einzige, was dann passiert, ein gigantischer Verwaltungsaufwand ist; ich beschäftige drei Richter(innen) am Landgericht mit meinem Fall. Bevor es jedoch zu einer weiteren Prüfung am Oberlandesgericht kommt, wird der Beschluss von heute auf morgen vom Oberarzt aufgehoben. Jetzt kann ich nicht mehr nur meine Person nicht ernst nehmen, sondern zweifle auch sehr an der Urteilsfähigkeit des Oberarztes.

Juli 1993

Das gibt's doch nicht, ich kann's nicht glauben: Ich bin aus der Klinik rausgeflogen. Ich habe ja schon einiges erlebt, aber das stellt alles in den Schatten. Keine fünf Minuten dauert es, und ich habe meine Entlassungspapiere in der Hand. Und jetzt?

Ich habe die letzten Monate auf einer offenen Station der Klinik verbracht, habe von dort aus meinen Führerschein gemacht und meine so genannten Außenkontakte gepflegt. Dann habe ich den Fehler begangen, mich mit der Stationsärztin anzulegen. Es wurde immer unklarer, welche Ärzte und Mitarbeiter nun eigentlich für mich zuständig waren, ich hatte das Team erfolgreich gespalten und zog nun den Kürzeren. Sie war mit der Situation überfordert, saß jedoch am längeren Hebel, sodass ich eben rausgeschmissen wurde.

Januar 1994

Seit einem halben Jahr habe ich meinen Führerschein, wenn auch mit der Einschränkung, alle zwei Jahre ein Gutachten vorlegen zu müssen, in dem über meine Fahrtüchtigkeit befunden wird, aber immerhin. Ferner hat mir mein Hausarzt einen Ausbildungsplatz als Arzthelferin angeboten und ich stelle das erste Mal in meinem Leben fest, was es heißt, arbeiten zu gehen. Auf der einen Seite bin ich relativ stolz auf meinen Erfolg, auf der anderen Seite steht immer dieses: Längst könnte ich schon eine Berufsausbildung abgeschlossen, sogar ein Studium könnte ich schon absolviert haben. Die ersten Monate an meinem Arbeitsplatz denke ich oft, dass ich das sowieso nicht durchhalten kann, und wünsche mich zurück in die »Klapse«. Die dreijährige Ausbildungs zur Arzthelferin scheint mir so unendlich lang zu sein und nicht zu bewältigen.

Mit meinem Auto vergrößert sich mein Aktionsradius um ein Vielfaches, und ich habe nun die Möglichkeit, meinen 25 km entfernten Arbeitsplatz zu erreichen. Zunächst habe ich einen ganz normalen Ausbildungsvertrag, den ich jedoch nach kurzer Zeit kündigen muss, da ich die Berufsschule als Quereinsteigerin nicht schaffe. Ich arbeite als Aushilfe weiter, dann schlägt mein Arbeitgeber vor, beim Arbeitsamt eine Reha-Maßnahme zu beantragen. Ich lehne diesen Vorschlag ab, muss jedoch später darauf eingehen, weil ich sonst riskiere, meinen Ausbildungsplatz zu verlieren. Vorbei ist die Illusion, ganz normal eine Ausbildung zu machen.

Sicher ist meine Wahrnehmung in diesem Punkt subjektiv und für Außenstehende schwer nachzuvollziehen. Ich hatte und habe eine Menge Probleme damit, in puncto Ausbildung eine Rehabilitantin zu sein. Bei einer Reha-Maßnahme reicht es nicht, hundertprozentige Arbeit zu leisten, man muss hundertfünfzigprozentig funktionieren, um zu beweisen, dass man normal genug ist, die Anforderungen zu erfüllen! Meiner Ansicht nach bestehen diese Reha-Maßnahmen lediglich zum Schutz der Arbeitgeber(innen), denn der finanzielle Nutzen für sie lässt sich nicht übersehen. In meinem Fall werden die Ausbildungskosten zu hundert Prozent vom Arbeitsamt getragen.

JANUAR 1997

Sicher sind die Erfahrungen, die ich nach dem Aufenthalt in der Kinder- und Jugendpsychiatrie gemacht habe, nicht das, was typischerweise nach der Entlassung aus der Klinik passiert. In einem Punkt jedoch möchte ich allen Leser(innen) ihre Illusionen zerstören: Keiner kommt »repariert« aus der Klinik, viele Schwierigkeiten treten erst nach der Entlassung auf.

Es ist ein großes Problem, wieder Fuß zu fassen, und man kann nur hoffen, dass man auf Menschen trifft, die einen nicht nur nach dem Lebenslauf auf dem Papier beurteilen, sondern einem noch eine Chance geben. Allerdings muss man dann zeigen, dass man kann und will. Trotzdem gerät man wieder in Situationen, in denen nichts mehr geht. So werde ich vorerst nicht die Möglichkeit bekommen, einen Abschluss in meinem

Ausbildungsberuf zu machen, weil ich von der Prüfungskommission mit normalen Maßstäben gemessen werde und diesen Anforderungen eben nicht genüge.

Ich kann nicht sagen, dass es mir leicht fällt, jeden Tag erneut um meine »Normalität« zu kämpfen. Irgendwann wird man bescheiden, ziemlich bescheiden. Dann sind plötzlich Kleinigkeiten, die für die »normalen« Menschen eine Selbstverständlichkeit sind, der große Erfolg und Anlass zur Freude. So kann ich mich nun glücklich schätzen, nicht mehr alle zwei Jahre ein Gutachten über meine Fähigkeit, ein Auto zu führen, beim Straßenverkehrsamt einreichen zu müssen, und habe die Chance, mein Abitur nachzuholen. Dann wieder gibt es Momente, in denen ich mich reichlich »vergackeiert« fühle. So erfuhr ich, dass anhand meiner Reha-Maßnahme ein Informationsblatt für gelungene Integration erstellt werden soll. Da frage ich mich, für wie blöd diese Professionellen mich eigentlich halten. Denn selbst mir als ehemaliger Psychiatriepatientin ist klar, dass eine Ausbildung ohne Abschluss so gut wie wertlos ist.

Was mich sehr fasziniert hat, ist meine Krankenakte, die mittlerweile ein Problem für jedes Karteisystem darstellen dürfte, egal bei welchem Arzt. Auch die Vielfältigkeit der Diagnosen lässt auf entweder sehr erfinderische Ärzt(innen) oder auf eine allgemeine Unsicherheit in der Einschätzung meiner Erkrankung schließen. Ich weiß heute, dass diese Akte niemals so umfangreich hätte werden müssen, wenn das Konzept der Kinder- und Jugendpsychiatrie damals schon erprobter gewesen wäre. Auf jeden Fall erwarte ich heute von einer Klinik, eine für die Patient(innen) zukunftsweisende Art der Behandlung. Die Frage, wie es für die Patient(innen) nach der Entlassung weitergeht, muss sich bereits zu Beginn der Behandlung für die Therapeut(innen) stellen, sonst kann die Therapie nicht zukunftsweisend sein. Ganz wichtig ist hier meiner Meinung nach auch, dass Therapeut(innen) gemeinsam mit den Patient(innen) den ersten Kontakt zu den ambulanten Einrichtungen draußen herstellen.

Trotz aller Ironie bin ich natürlich oft traurig über meine Geschichte. Ich wünsche mir, »normale« Erfahrungen zu machen, denn die Extreme kenne ich gut genug. Meine Psychiatriekarriere in ihrer härtesten Form liegt jetzt dreieinhalb Jahre zurück. Ich weiß, dass die Klapse heute nicht mehr der Ort wäre, an dem ich mich, so wie damals, wohl fühlen würde. Heute weiß ich, wo ich mir Hilfe holen kann, und scheue mich nicht davor, diesen Schritt zu gehen. Ich schließe nicht aus, dass es noch einmal zu einem stationären Aufenthalt kommen kann, wenn ich das Gefühl habe, dass die ambulanten Angebote mir in irgendeiner Situation nicht genügend Halt geben.

Im Moment habe ich noch häufig Kontakt zu einem begleitenden psychiatrischen Dienst. Mit schöner Regelmäßigkeit erscheine ich auch beim Arzt. Einmal in der Woche habe ich Therapie. Mal gibt es Zeiten, in denen geht es mir gut, dann wieder geht es mir schlecht, und ich zweifle an allem.

In diesem Bericht habe ich mein Krankheitsbild bewusst nur am Rande gestreift, ich finde es sehr schwierig, die Komplexität der Erkrankung genau zu schildern. Außerdem kommt es nach der Entlassung aus der Psychiatrie weniger auf die Diagnose an, denn die Probleme in der Zeit nach der Klinik sind bei allen Betroffenen weitgehend ähnlich. Sie lassen sich weniger an einer Krankheit als an der Gesellschaft festmachen, denn die Gesellschaft macht Psychiatrie und grenzt Psychiatrie-Erfahrene aus.

Ich habe mich entschieden, diesen Teil meiner Geschichte öffentlich zu machen, weil ich mich damit nicht mehr verstecken will. Auch wenn ich versucht habe, meine Erlebnisse im Nachhinein zu analysieren, ist mir klar, dass dies nur einseitig und subjektiv möglich ist und dass Außenstehende oder Profis mein Verhalten anders analysieren würden.

Beim Schreiben habe ich viele Gefühle, die im Zusammenhang mit dem damals Erlebten standen, noch einmal durchlebt. Ich fühlte mich hilflos, erinnerte mich an die furchtbare Angst in einigen Situationen, den Hass auf jemanden und die verschiedensten Arten von Wut. Ein bisschen von dieser leisen Wut, die ungeahnte Kräfte freisetzt, wünsche ich allen, die auf dem Weg in eine Zukunft ohne »Klapse« sind. Auch wenn es am Anfang ein Drahtseilakt ist, jeden Tag geht es ein bisschen leichter und irgendwann kann man vielleicht auch ohne fremde Hilfe zurück aufs Seil, wenn man runtergefallen ist.

Man muss an sich selber glauben

Nicole, 18

Im März 1996 trennten sich meine Eltern. Meine Mutter zog in ihre neue, eigene Wohnung. Mir blieb die Entscheidung offen, ob ich bei meinem Vater und Bruder bleiben würde oder bei meiner Mutter. Ich habe alle gleich lieb, von daher konnte ich mich nicht entscheiden und pendelte hin und her. Ich wurde dadurch sehr aggressiv, schlief wenig und wurde in der Schule immer schlechter. Dann kam der Sommer, und ich wollte etwas in meinem Leben ändern, wollte zeigen, dass ich auch selbst etwas zustande bringen kann, und begann mit der Veränderung an meinem Gewicht. Ich versuchte eine Diät nach der anderen, doch ich sah nie einen Erfolg. Natürlich waren 58 kg bei einer Größe von 170 cm nicht zu viel, doch ich entwickelte einen so großen Hass darauf, dass ich schließlich die Willenskraft bekam. Meine Mahlzeiten reduzierten sich nach und nach auf null. Auch Kaugummi und Tee war schon zu viel. Nun wog ich schon 53 kg, doch ich bekam Angst, Angst, zu- oder abzunehmen. Ich vertraute mich meinen Eltern an, denn sie hatten mein Problem ohnehin schon bemerkt. Also gingen wir zu einer Psychologin und erzählten ihr von den Essproblemen und den Problemen zu Hause. Sie sagte uns dann, dass ich mich im Anfangsstadium einer Magersucht befände. Als ich ihr versprechen musste, mein Gewicht zu halten, um nicht in eine Klinik zu kommen, musste ich lügen. Mir sollte zwar geholfen werden, aber ich wollte doch nicht so dick bleiben oder, schlimmer: zunehmen!

Eine Woche später musste ich wieder zur Psychologin. Nun wog ich noch 51 kg. Sie gab uns also die Adresse für die Klinik, doch meine Eltern ließen sich noch etwas Zeit mit der Entscheidung. Mir ging es immer schlechter. Ich ging immer seltener zur Schule, weil meine Gedanken immer nur um Essen oder Nichtessen kreisten. Ständig fror ich und mir wurde oft schwindelig. Nun kam mein Geburtstag und gleichzeitig mein Stichtag. Ich wollte wieder »normal« essen. Doch mit acht Stücke Torte und anderthalb Pizzen hintereinander nahm ich mir wohl etwas zu viel vor. Mir wurde so schlecht, dass ich mich übergeben musste. Hey, das war es doch: essen, was und so viel man möchte, ohne zuzunehmen. Dieser Geistesblitz ließ mich nun ziemlich schnell in die Bulimie rutschen. Jeden Tag bekam ich Fressanfälle und übergab mich danach. Von einem Anfall am Tag steigerte ich mich auf vier Anfälle. Ein Anfall bestand aus Süßigkeiten für ca. 70DM: Schokoküsse, Duplos, Milchschnitten, Tafeln von Schokolade, einfach alles, was mir in die Hände kam. Durch das regelmäßige Übergeben wurde ich so schwach, dass ich ohne Hilfe sogar nicht mehr alleine zum Klo kam. Die Entscheidung fiel. Ich sollte in die Klinik.

Wenn ich heute daran zurückdenke, würde ich das Kapitel lieber aus meinem Kopf streichen, denn es war der größte Fehler. Dreieinhalb Monate verbrachte ich dort und ließ mich dann gegen ärztlichen Rat entlassen. Anfangs hatte ich fast einen Monat keinen Ausgang, was für mich sehr schlimm war. Außerdem bekam ich einen Essplan und Überwachung beim Essen. Doch wenn ich wirklich etwas zu essen haben wollte, bekam ich es auch. Sei es, dass ich irgendjemanden zum Büdchen geschickt habe oder selbst in die Küche geschlichen bin. Ich erreichte mein altes Gewicht wieder und übergab mich seltener, doch dadurch, dass ich mit den Problemen der anderen konfrontiert wurde, wurde ich noch aggressiver, bekam so einen Hass, dass ich meine Eltern nicht mehr sehen wollte, und mit Dingen anfing, die ich sonst nie getan hätte.

Der Aufenthalt in der Klinik war wie ein Aufenthalt in einer anderen Welt. Man durfte Fehler machen, die man im »normalen Leben« nicht ohne weiteres hätte machen dürfen, und sie wurden entschuldigt. Es war auch immer jemand für einen da. Das klingt gut, aber es hat mir viele Probleme nach meiner Entlassung bereitet. Denn in unserem »normalen« Alltag darf man diese Fehler nicht machen: einfach austicken, nicht in die Schule gehen oder nur das machen, was einem gefällt. Sonst kommt man nicht weiter und bekommt vielleicht sogar noch mehr Probleme. Ich konnte meinen Realschulabschluss nur schwer erreichen, da die Ansprüche der Realschule wesentlich höher waren als die der Klinikschule.

Ich kann von Glück sagen, dass ich zu dieser Zeit viele liebe Freunde hatte, die mir geholfen haben. Auch mein damaliger Freund hat sehr viel Verständnis und Geduld gezeigt und mir bei Rückfällen zur Seite gestanden. Ich hatte zwar noch sehr oft richtigen Stress zu Hause und habe drei Monate nicht zu Hause gewohnt, aber wir haben jetzt alles überstanden. Ich hatte noch einige Male Therapie bei meiner Psychologin, doch die brach ich bald ab, da sie mir nicht sehr half.

Nun habe ich einen neuen Freund, der ebenfalls sehr viel für mich tut. Er gibt mir genau den Halt, den ich brauche. Zwar habe ich noch öfter schlechte Zeiten, in denen ich noch Hilfe beim Essen brauche, aber Übergeben ist für mich tabu. Ich arbeite sogar in einer Pommesbude und beginne bald eine Ausbildung bei einem Arzt, dessen Arbeitsschwerpunkt Suchterkrankungen sind. Ich möchte vor diesem Problem nicht mehr weglaufen, denn ich denke, jede Konfrontation damit macht mich nur stärker. Ich habe sogar erreicht, dass ich meine eigene Wohnung bekommen habe.

Es war bis hierher ein langer Weg, aber ich lerne, nicht mehr alles ernst zu nehmen und zu meinem Problem zu machen. Die Gespräche mit meinem Freund helfen mir sehr dabei, mich selbst immer wieder neu zu stärken. Meine Eltern, mein Bruder und mein Freund sind für mich die wichtigsten Menschen. Damals lehnte ich jede Hilfe von ihnen ab, denn ich dachte, sie verstehen mich nicht. Heute weiß ich, dass ich mich selbst nicht verstand. Für meine Zukunft wünsche ich mir eine Familie mit Kindern, und ich weiß, die bekomme ich nur, wenn ich an mich glaube und mich nicht aus der Bahn werfen lasse.

BORDERLINE – EINE FAMILIENTRADITION?

MELLE, 28

Freitag, 5. Februar 1999

Meine liebe »große« Tochter Maren,

morgen ist also dein großer Tag, endlich wirst du sechs Jahre alt! Du freust dich schon seit Wochen auf diesen Geburtstag, endlich bist du »groß«. Wir werden diesen Geburtstag zusammen mit deinem Vater, meiner Mutter und meiner Schwester feiern, ganz so, wie du es dir gewünscht hast, und ich habe keine Angst vor dieser Feier und dem ganzen Aufwand, der damit zusammenhängt. Eine Sache, die für mich vor ein paar Jahren noch unvorstellbar war; wo ich mich schon Tage vorher verrückt gemacht hätte, weil ja alles perfekt sein muss!

Du hast in den letzten Jahren einiges mit- und durchmachen müssen, an dem ich nicht ganz »unschuldig« war, denn ich habe eine Borderline-Persönlichkeit. Deshalb mache ich seit vier Jahren, wie du ja auch weißt, eine Therapie, um zu lernen, mit mir und dieser eigenartigen Charakterstruktur in dieser Gesellschaft zufrieden leben zu können.

Diese Zeit war – besonders am Anfang – eine sehr harte Zeit für mich, aber besonders auch für dich und meine sonstige nähere Umwelt. Erinnerst du dich noch an jene Nacht im April '95 – du warst damals zwei Jahre alt –, als du mitten in der Nacht von dem Lärm in D.s Wohnung wach wurdest, wo wir zu der Zeit lebten? Es waren so viele fremde Menschen da und du kanntest nur Oma E., die mitten in der Nacht gekommen war. Es ist ein schlimmer Schock für dich gewesen, dass ich nicht da war, du leidest heute noch darunter. Du hast oft Angst, dass ich dich im Stich lassen könnte.

In dieser Nacht hatte ich sechzig Schlaftabletten genommen und kam ins Krankenhaus, wo mir der Magen ausgepumpt wurde. Ich war innerlich zerrissen, wusste nicht mehr, was ich tun sollte, sodass mir der Selbstmord als letzter Ausweg erschien, um mich, dich und alle anderen von mir zu »befreien«. Dieser Aktion folgte ein zehntägiger Aufenthalt auf einer halboffenen Station und anschließend eine sechsmonatige Therapie in der Tagesklinik der gleichen psychiatrischen Klinik.

In dieser Zeit fand ich meinen roten Lebensfaden, d.h., ich entwickelte konkrete, erreichbare Lebensziele und fand Möglichkeiten, meine inneren Extreme – für mich symbolisch »schwarz« und »weiß« – miteinander zu verbinden. Hier entdeckte ich auch meine »Hilfswerkzeuge«, die für mich zu meinem Leben dazugehören, wie z. B. regelmäßiges Entspannungstraining, eine ausgewogene Lebensweise und andauernde Reflexion meines Verhaltens und meiner Ziele. Außerdem brauche ich die Konfrontation mit der Gruppe, die mir mein eigenes Verhalten »widerspiegelt« und mich so aus meiner egozentrischen Sichtweise regelrecht »herausprügelt«. Das erzähle ich dir deshalb, weil diese Zeit für mich sehr hart und schmerzhaft war; und ich hätte nie durchgehalten, wenn du nicht gewesen wärst ...

Dein Vater hatte nämlich das Jugendamt über meinen Selbstmordversuch informiert. Wenn ich die Therapie nicht durchgezogen hätte, wäre mir das Sorgerecht für dich entzogen worden, und das wollte ich auf gar keinen Fall. Ich wollte, dass du bei mir aufwächst!

Nach der Tagesklinik besuchte ich eine Therapiegruppe bei einer Ärztin und Psychologin, die früher selber in der Tagesklinik gearbeitet hatte. Diese Gruppe besuche ich noch heute. Meine Therapeutin und ich haben aber beschlossen, dass ich spätestens am 30. Juni dieses Jahres mit dieser Gruppe aufhöre. Was anschließend folgen wird, steht im Moment noch nicht fest, vielleicht eine Selbsthilfegruppe.

Schon vor meiner Entlassung aus der Klinik hatte ich, unterstützt von den dortigen Sozialarbeitern, ein Netz aufgebaut, das mich anschließend begleiten und auffangen sollte. Dazu gehörte das Jugendamt, der Psychosoziale Dienst, die Therapiegruppe und später die Sozialpädagogische Familienhilfe. Außerdem hatte ich bereits in der Klinik für mich eine Art gefunden, wie ich mein Leben organisieren und meine extremen Wünsche und Träume in realistische, umsetzbare Ziele umwandeln kann, die mir einen Halt und eine Richtung geben: Das Aufschreiben dieser Dinge erleichtert mir vieles und hat mir schon oft zu Entscheidungen verholfen, die ich dann auch konsequent umgesetzt habe.

Dadurch bin ich inzwischen zu einem Menschen herangewachsen, der von seiner Umwelt als eigenverantwortlich denkende und handelnde Person akzeptiert, respektiert und geschätzt wird. Darauf bin ich sehr stolz. Ich habe sogar als allein erziehende Mutter eine Reha-Umschulung zur Bürokauffrau gemacht, die ich im letzten Monat mit sehr gutem Ergebnis abgeschlossen habe. Es ist mir sehr wichtig, endlich eine abgeschlossene Ausbildung zu haben, um dich ohne fremde Hilfe ernähren zu können. Was mir aber noch wichtiger ist: dass ich mich inzwischen in jeder Situation annehme und mich und mein Verhalten sehr gut kenne und einzuschätzen weiß.

Das bedeutet aber nicht, dass ich immer mit mir zufrieden bin. Es gibt durchaus Tage, an denen ich mit mir und meinen Macken absolut unzufrieden bin und mich über meine alten, eingeschliffenen Verhaltensweisen ärgere. Nur: Auch in diesen Situationen bin ich in Kontakt mit mir und kann mir einiges sagen, was mir an mir gefällt. So kann ich mir selber immer wieder neuen Mut machen, damit es demnächst besser klappt. Ich verkrieche mich nicht mit Alkohol oder Drogen und laufe auch nicht mehr weg, sondern ich stelle mich den Dingen und übernehme Verantwortung. Allerdings muss ich im Moment noch regelmäßig ein starkes Johanniskrautpräparat einnehmen, damit meine Stimmungsschwankungen nicht zu groß sind. Wenn ich dieses Präparat über ein paar Tage hinweg vergesse oder unregelmäßig nehme, leide ich unter Stimmungsschwankungen und depressiven Verstimmungen. Regelmäßigkeit, Pünktlichkeit und Kontinuität, das sind immer noch harte Brocken für mich, die mir in Stresssituationen nicht leicht fallen und zu denen ich mich immer wieder neu treten muss.

Ein großes Problem stellt für mich immer noch die Haltung eines Großteils der Gesellschaft gegenüber psychisch kranken Menschen dar. Ich habe nämlich u.a. wegen meines Borderline-Syndroms einen Behindertenausweis! Durch deren Einstellung ist und wird mir meine »Wiedereingliederung« und mein Leben innerhalb dieser Gesellschaft oft unnötig schwer gemacht. Das höchstes Lob war für mich, als meine Psychologin deinem Vater mitteilte: »Frau B. *hatte* eine mittelschwere Borderline-Persönlichkeitsstörung.« Dieses ist für mich eine Bestätigung, dass ich nicht mehr »krank« bin, sondern gelernt habe, mit mir und meiner besonderen Art, die durchaus auch interessante und reizvolle Züge hat, zurechtzukommen.

Was bleibt, ist die Angst, dass auch du, mein Schatz, eine solche Persönlichkeitsstörung durch mich »erlernen« könntest – oder vielleicht auch schon hast?! Ich beobachte dich genau, und das schon, seit du bei mir im Bauch warst. Leider kann ich das nicht immer so, wie ich es gerne möchte. Manchmal gibt es Zeiten, in denen ich sehr stark mit mir selbst beschäftigt bin und deine Signale nicht so mitbekomme oder sie nicht richtig entschlüsseln kann. Das bedrückt und belastet mich oft.

Nach meinem Selbstmordversuch vor vier Jahren hast du zunächst bei deinem Vater bzw. deinen Großeltern in D. gelebt und warst nur am Wochenende bei mir. In regelmäßigen Gesprächen mit dem Jugendamt wurde aufmerksam deine und meine Entwicklung besprochen. Es war geplant, dass du wieder zu mir ziehen solltest, sobald ich mich in der Lage fühlte, dich zu versorgen und auch die äußeren Umstände dafür sprachen. Dieses war ungefähr acht Monate nach meiner Entlassung aus der Tagesklinik der Fall.

Leider muss ich sagen, dass dein Vater immer hoffte, dich ganz bei sich behalten zu können. Er hat bis heute alles versucht, mich so darzustellen, als sei ich aufgrund meiner Persönlichkeit nicht in der Lage, dich ausreichend zu versorgen. Nicht nur leider, sondern auch glücklicherweise, weil ich so noch intensiver darauf achte, wie du dich entwickelst und mich bei Zweifeln im Kindergarten und bei meiner Sozialarbeiterin erkundige, ob ich die Sachen richtig mache und was ich besser machen könnte. Leider aber, weil der Umzug zu mir für dich sonst einfacher gewesen wäre. So wurdest du damals zum dritten Mal in eine neue Umgebung »gepflanzt«, obwohl du in D. bereits Wurzeln geschlagen hattest. Oma und Papa hatten dir sogar schon einen Kindergartenplatz besorgt, in der Hoffnung, dich in D. behalten zu können. Dabei war ja schon lange mit ihnen und dem Jugendamt besprochen und geplant, dass du deine Kindergartenzeit bei mir beginnen solltest.

Diese Hin- und Herzieherei hätte ich dir so gerne erspart, denn ich glaube, du hast lange Zeit überhaupt nicht gewusst, wohin du gehörst. Wie oft habe ich mit dem Gedanken gespielt, dich doch in D. zu lassen, obwohl ich das nicht für gut hielt, denn deine Oma ist auch nicht mehr die Jüngste und dein Vater – trotz allem – sehr unreif. Ich war mir sicher, dass es für deine Entwicklung – langfristig gesehen – besser wäre, wenn du bei mir aufwächst und deinen Vater so oft wie möglich siehst. Diese Überlegungen wurden auch durch das Jugendamt, die Sozialarbeiterin, die Therapeuten und viele andere bestätigt. So habe ich dich, obwohl ich mir darüber im Klaren war, dass du möglicherweise Borderline-Verhaltensweisen von mir übernehmen könntest, trotz aller Zweifel und Ängste zu mir genommen in dem Bewusstsein, das Richtige für dich zu tun.

Ich habe allerdings von Anfang an darauf geachtet, nicht deine alleinige Bezugsperson zu sein. Du hast viele Menschen, bei denen du lebst und mit denen du außer mir zusammen bist. Eine Zeit lang hattest du sogar eine Tagesmutter mit Familie, bei denen du stundenweise warst, sodass du andere Lebensweisen und Ansichten kennen lernen und erleben konntest.

D., mit dem ich fünf Jahre zusammen war, ist wie ein Ersatzvater für dich und sorgt oft für dich, wenn ich nicht dazu in der Lage oder nicht da bin. Er ist ein ganz anderer Typ als ich und in einer intakten und harmonischen Familie aufgewachsen. Er versteht es auch, dir begreiflich zu machen, dass es manchmal nicht okay ist, wie ich mich verhalte. Trotzdem hast du schon oft meine aggressiven Ausbrüche, meine respektlose Art, mit Menschen umzugehen, mitbekommen und dir manche Verhaltensweise abgeguckt. Mein Verhalten ist zwar im Laufe der Jahre viel besser geworden und wird sich sicher noch weiterentwickeln, und inzwischen würde ich mich auch als beziehungs- und familienfähig bezeichnen, aber der Weg dorthin hat sicher auch bei dir seine Spuren hinterlassen.

Deshalb habe ich mich, nach monatelangen Überlegungen und vielen Besprechungen mit meinen sämtlichen Ratgebern einschließlich deiner Erzieherin, entschlossen, dich doch bei einem Kinderpsychologen vorzustellen, nachdem ich diesen »beschnuppert« und ihm unsere Situation geschildert habe. Zwar waren alle einhellig der Meinung, dass du dich gut entwickelt hast und nur die eine oder andere »kleine Verhaltensauffälligkeit« erkennbar ist. Die einen vertraten die Ansicht, dass es nicht notwendig sei, zu einem Psychologen zu gehen, der vermutlich mehr Schaden als Nutzen anrichten könne. Die anderen meinten, es könne nicht schaden, dich einmal bei einem solchen vorzustellen. Dies würde mir vielleicht mehr Sicherheit verschaffen und mir meine Ängste dahin gehend, dass du unsere »Borderline-Familientradition« fortsetzen könntest, vielleicht nehmen.

Familientradition? Ja, wie du weißt, ist mein Vater auch sehr krank. Er hat ebenfalls eine Borderline-Persönlichkeitsstruktur. Weil er in meiner frühen Kindheit meine Hauptbezugsperson war, hat er mir viele seiner Sichtweisen »anerzogen«. Da sich kleine Kinder die Verhaltens- und Sichtweisen ihrer Eltern abgucken und sie verinnerlichen, so stark verinnerlichen, dass sie diese bis ins Erwachsenenalter mitschleppen, ist es sehr schwer, sie sich dann abzugewöhnen.

Mein Vater, dein Opa W., hat das nicht geschafft. Er ist in der Nachkriegszeit aufgewachsen und leider waren die Psychiatrie und das gesamte Denken anders als heute. So ist mein Vater das erste Mal in einer Psychiatrie behandelt worden, als er schon über 40 Jahre alt und zwangseingewiesen worden war. Inzwischen ist er fast 60 Jahre alt und war, in mehrjährigen Abständen, einige Male dort. Die Diagnosen gehen von manisch-depressiv bis schizo-affektiv, aber frühzeitig wurde bei ihm auch ein Borderline-Syndrom festgestellt. Er muss seit Jahren Psychopharmaka nehmen, damit er halbwegs vernünftig leben kann. Trotzdem geht bei jedem seiner »Ausfälle« ein Stück seiner Persönlichkeit verloren. Er hat mittlerweile eine Betreuung für seine finanziellen und gesundheitlichen Belange, da er zwischenzeitlich schon seinen zweiten Schlaganfall hatte. Er kann nicht mehr alleine leben und ist seit über fünfzehn Jahren wegen seiner psychischen Erkrankung in Pension.

Ich lebe seit Jahren mit der Angst, später einmal so zu werden wie er. Vielleicht wäre es mit ihm nicht so weit gekommen, wenn sein Borderline-Syndrom frühzeitig erkannt worden wäre, er sich selbst in den Allerwertesten getreten und etwas an seinen Sicht- und Verhaltensweisen geändert hätte, anstatt immer nur anderen die Schuld für die eigenen Fehler zu geben. Sicher haben seine Eltern Fehler gemacht, genauso wie meine Eltern bei mir und ich sicherlich auch bei dir. Aber sie haben alle das Beste gewollt. Wenn es schief gelaufen ist, hat man ab einem gewissen Alter für sich selber zu sorgen und sich darum zu bemühen, dass es einem besser geht, egal was vorher war! Wem hilft es, wenn ich mein Leben damit verbringe, anderen die Schuld für meine jetzige Situation und mein Verhalten zu geben, anstatt mein Verhalten zu ändern und die Vergangenheit aufzuarbeiten und sie dann ruhen zu lassen? Wir haben doch nur ein Leben, das gelebt werden kann!

Glücklicherweise ist es bei mir schon etwas anders gelaufen. Bereits mit dreizehn Jahren kam ich das erste Mal in die Kinder- und Jugendpsychiatrie. Danach ging es mir auch erst einmal besser und ich habe viel gelernt. Vielleicht war es mir auch nur durch meinen damaligen Psychiatrieaufenthalt möglich, in meiner jetzigen Therapie Erfolge zu erzielen. Wer weiß das? Fest steht jedenfalls, dass erlernte Verhaltensweisen und Sichtweisen mit zunehmendem Alter immer schlechter um- und abzugewöhnen sind, weil man jahrelang damit gelebt hat und nun völlig umdenken und neu fühlen muss. Es erfordert eiserne Disziplin und viel Kraft, weil man sich ständig selber wieder in Frage stellt. Hinzu kommt, dass sich, je älter man wird, schlechte Angewohnheiten immer mehr einschleifen und man unflexibler wird.

Deshalb wünsche ich mir, dass bei dir falsche Verhaltensweisen, Sichtweisen und Einstellungen so frühzeitig erkannt werden, dass daraus keine ausgewachsene Borderline-Persönlichkeit entsteht, damit du nicht die gleichen Schwierigkeiten erlebst wie ich.

Ich hoffe, dass ich dir dadurch, dass ich dich jetzt schon zu einem Psychologen bringe, manches ersparen kann, was ich erst hinterher aufarbeiten konnte und lernen musste. Vielleicht und hoffentlich wirst du, wenn du erwachsen bist, ein zufriedener Mensch sein, der mit sich selbst im Reinen ist, ohne dazu die Hilfe eines Therapeuten zu benötigen. Ich wünsche es mir so sehr! Aber wenn du einen brauchst, gehe zu ihm; je eher, je einfacher! Er kann dir helfen, dass du dir selbst helfen kannst. Vielleicht musst du dann bei deinen Kindern nicht mehr die Angst haben, dass sie eine Borderline-Persönlichkeit entwickeln ...

Mein lieber kleiner Schatz, ich liebe dich sehr und wünsche dir von ganzem Herzen ein besseres Leben, als ich es bisher hatte. Was ich dafür tun kann, werde ich tun. Das verspreche ich dir!

Deine Mama

NACHWORT

Ein Armbruch ist als Krankheit einfach zu erklären, einfach zu verstehen, im wörtlichen Sinn greifbar. Der Bruch wird gerichtet, geschient oder operiert. Das Problem ist damit gelöst. Der Patient geheilt. Wer dagegen psychisch erkrankt, dessen Seele ist krank. Die Seele ist aber nicht greifbar. Eine Erkrankung der Seele deshalb auch schwer begreifbar. Dies irritiert. Es entsteht ein Bruch zwischen Person und Umfeld, der gekennzeichnet ist durch offene Ablehnung, Unsicherheit, Ängste, Vorwürfe, Desinteresse, Schuldzuweisungen und sehr wenig Verständnis.

Der Armbruch ist ein Unfall, den jemand erlitten hat, an dem er mehr oder weniger zufällig beteiligt war. Der Gewichtsverlust aufgrund einer Essstörung wird als Problem gesehen, dass die Erkrankte selbst verursacht. Dabei hat eigentlich jeder von uns schon Seelennöte erlebt: Angst vor einer Prüfung, Sorgen bei einer Erkrankung, Trauer durch Verlust. Neben Trauer und Freude gehören auch Pech und Glück zu unserem Leben. Die Spannung zwischen den Polen Glück und Trauer bestimmt unser inneres Gleichgewicht. Starke Schwankungen stören die Balance; die Harmonie, der Ausgleich, die Stütze fehlt.

Wie haben wir uns aus einer Seelennot befreit? Durch Alkohol? Durch Drogen? Durch Beruhigungstabletten? Durch lange Spaziergänge? Durch sportliche Aktivitäten? Durch einen Urlaub? Durch Gespräche mit Freunden und Kollegen? Auf höchst unterschiedliche Weise haben wir eine Lösung gefunden, die Krise überwunden. Wir haben uns wieder stabilisiert, vielleicht weil wir Menschen begegnet sind, die uns zugehört haben, mit denen wir sprechen konnten.

Die Jugendlichen beschreiben in ihren Beiträgen einerseits eine Welt voller Traurigkeit, voller Düsterkeit, voller Resignation, andererseits setzen sie sich kritisch auseinander mit ihrem Leben, ihren Problemen, und ihren Bewältigungsstrategien. Beschrieben werden Eindrücke und Erlebnisse vor der psychiatrischen Behandlung, während der Therapie und auch die Erfahrungen bei der Rückkehr in Familie, Beruf und Umwelt. Dabei schildern sie ihr Leben mit der Krankheit als ein Gefühl des Gefangenseins, als ein Leben mit der Angst in der Dunkelheit des Alleinseins. Aber es ist nicht nur das Fehlen einer verlässlichen Beziehung, es sind auch die Hoffnungen, die Wünsche, die Projektion einer heilen Welt ohne Sorgen, ohne Probleme, aber mit viel Liebe, mit viel Rücksicht, mit Stabilität. Es ist die Suche nach dem Sinn des Lebens.

Die Jugendlichen leben in einer dunklen Welt des Widerspruchs, aber auch des Anspruchs. Sie wollen allen gefallen. Sie wollen sich anpassen. Sie wollen so sein wie alle anderen Menschen. Sie wollen so sein, wie es Werbung verspricht: jung, reich, dynamisch, gesund. Sie wollen so glücklich sein, wie es die Medien immer wieder zeigen. Daran arbeiten sie und daran verzweifeln sie. Niemand hat die Dunkelheit, in der die Jugendlichen leben, bemerkt. Denn sie gehen normal zur Schule, treffen sich mit ihren Freunden, geniessen die Freizeit. Niemand war da, der erste Signale als Probleme deuten konnte. Niemand, der den Jugendlichen die Augen öffnete, damit sie lernen zu sehen, damit sie nicht in ihrem Selbstmitleid ersticken und andere mit reinziehen (Talayeh). Die Blindheit der einen führt zur Dunkelheit der anderen.

Die Brücke, die beide Welten verbindet, sind die Erzählungen in diesem Buch. Sie verdeutlichen Brüche. Sie ermöglichen Zugänge; denn nur die Jugendlichen selbst können ihr Leben ändern: »Ich muss mich kennen und verstehen« (Talayeh).

Der Aufenthalt in der Psychiatrie ist eine Möglichkeit, sich aus dem Netz der Unklarheit, aus dem Reich des Dunklen, aus der Welt der Angst zu befreien. Es ist das Gefühl der Verbundenheit, das weiterhilft, denn »man sitzt im selben Boot« (Sandra). Die Rolle der Therapeuten wird kritisch beschrieben. Positiv das Verhältnis gegenseitiger Akzeptanz und Achtung, negativ der häufige Therapeutenwechsel, die damit verbundenen Vertrauensängste und die entstehende Abhängigkeit. Für Guido ist die Therapie sogar Betrug, »weil ich immer mit der

Hoffnung lebte, dass sich etwas verändern müsse, aber es änderte sich gar nichts«.

Um aus der Lähmung herauszufinden, Sprachlosigkeit zu überwinden, den Bruch mit der Umwelt zu überbrücken und eine Brücke zur Normalität zu finden, haben die Jugendlichen mit dem Schreiben ihrer Lebensgeschichten ihre eigene Therapieform gefunden: »Sie erzählen, um gehört zu werden, aber auch um mal frei zu haben von der eigenen Geschichte. Sie einfach ins Bücherregal zu stellen – vielleicht bis zur nächsten Lesung« (Christiane). Das Erlebte wird in Worte gefasst und damit fassbarer. Es wird greifbarer. Es wird objektiver für alle: den Schreiber genauso wie für den Leser. Die gegenseitige Betroffenheit führt zwar zu einer Emotionalisierung, aber auch zu einer Gefühlslage der Offenheit, des Mitschwingens, des Einfühlens, des Nachvollziehens. Damit entsteht Hoffnung, weil eine Brücke entstanden ist, die verbindet. Die Fragen nach dem Warum, Wieso, Weshalb werden beantwortbarer.

Dr. Karl-Heinz Saueressig
Düsseldorf, im Mai 1999

Biografische Notizen

Barbara Heubach, Jg. 1943, ist seit dreiunddreißig Jahren Lehrerin, davon zwölf Jahre in der Schule der Psychosomatischen Tagesklinik des Evangelischen Krankenhauses, die zur Alfred-Adler-Schule, der Schule in der Kinder- und Jugendpsychiatrie in Düsseldorf gehört. Sie hat bereits an dem Buch »Reif für die Klapse?« mitgearbeitet.

Marie-Luise Knopp, Jg. 1942, begleitete jahrelang die Zeitung »Klapse« der Kinder- und Jugendpsychiatrie und ist Mitherausgeberin der beiden Bücher »Wenn die Seele überläuft«, Psychiatrie-Verlag, und »Reif für die Klapse?«, Fischer-Verlag. Sie ist seit vierunddreißig Jahren Lehrerin, davon siebzehn Jahre an der Alfred-Adler-Schule und hat die Zusatzausbildung Individualpsychologische Beraterin (DGIP).

Friedrich Riehl, Jg. 1946, ist Redakteur beim Westdeutschen Rundfunk und Moderator des Kulturmagazins »Mosaik«, das er vor fünfundzwanzig Jahren gründete und das vom Radioprogramm WDR 3 ausgestrahlt wird.

Dr. Karl-Heinz Saueressig, Jg. 1944, Grund-, Haupt- und Sonderschullehrer. Promotion in Erziehungswissenschaften, einundzwanzig Jahre in der schulischen Erziehungshilfe als Schulleiter. Seit 1994 als Schulrat zuständig für die Sonderschulen und die sonderpädagogische Förderung in Düsseldorf. Autor und Referent zu Fragen der Erziehungshilfe, von Verhaltensstörungen bei Jugendlichen und zur Organisationsentwicklung.

Wegen der »Magie der Worte« wollten nicht alle Autorinnen und Autoren namentlich aufgenommen werden. Vorstellen möchten sich:

Christiane, 27: Ich habe zehn Jahre Psychiatrieerfahrung, davon anderthalb Jahre in der Kinder- und Jugendpsychiatrie. Im Moment bin ich Schülerin an einem Abendgymnasium und mache eine Ausbildung zur Ergotherapeutin. Ich wünsche mir, dass ich eines Tages nicht mehr beweisen muss, dass ich nicht anders bin als die so genannten »Normalen«.

Claudel, 15: Ich war sechs Monate in der Tagesklinik und entschied mich dann, die Therapie ambulant fortzusetzen. Ich versuche mein Motto »Carpe Diem« zu leben.

Cordula, 23: Ich kann nun endlich trotz meiner Krankheit auf eigenen Beinen stehen und fühle mich großartig. Im Rahmen meiner Ausbildung zur Sozialpädagogin arbeite ich am Haunerschen Kinderspital in München beim Projekt Omnibus, das Familien schwer kranker Kinder Wohnraum gewährt und während dieser schweren Zeit ein offenes Ohr für sie hat.

Ingrid Uebermuth, 59: Ich bin im Vorruhestand, war ca. 15 Jahre im Außendienst einer großen Kosmetikfirma. 1998 habe ich eine siebenwöchige Therapie in einer psychosomatischen Klinik gemacht und gelernt loszulassen. Ich traue Julia viel mehr zu als früher und hoffe, dass sie recht bald ganz gesund ist.

Lisa Beckmann, 15: Ich bin Schülerin des Marie-Curie-Gymnasiums in Düsseldorf, das mit der Kinder- und Jugendpsychiatrie in Grafenberg kooperiert. So bekamen wir zu Beginn der zehnten Klasse eine neue Schülerin von dort, mit der wir uns von Anfang an sehr gut verstanden. Dies war meine erste nähere Berührung mit der Psychiatrie.

Melle, 29: Ich war vor sechzehn Jahren für ein Jahr in der Kinder- und Jugendpsychiatrie und bin seit vier Jahren wegen einer Borderline-Persönlichkeitsstörung in Therapie, die ich diesen Sommer abschließen werde. Nachdem ich nach mehreren abgebrochenen Ausbildungen eine Umschulung zur Bürokauffrau beendet habe, arbeite ich heute halbtags in diesem Beruf. Ich lebe mit meiner sechsjährigen Tochter zusammen.

Miriam, 16: Ich wurde 1982 in Deutschland geboren, bin Türkin und besuche zurzeit das zehnte Schuljahr eines Gymnasiums. Ich wurde wegen Suizidversuchen im September 1997 in die Kinder- und Jugendpsychiatrie eingewiesen und im Februar 1998 entlassen. Im Moment bin ich noch in Therapie. Ich möchte mein Abitur machen und danach im Ausland arbeiten.

Rebecca, 22: Zur Zeit mache ich eine Ausbildung im Einzelhandel. 1994 habe ich mich in eine ambulante Therapie begeben, weil ich mein Leben, so wie es war, nicht mehr ertragen konnte. Heute mache ich immer noch eine Therapie bei einer Psychologin und habe die Hoffnaung, dass ich all das mit mir Geschehene irgendwann bewältigt habe.

Rebekka, 18: Von meinem vierzehnten bis fünfzehnten Lebensjahr war ich wegen Magersucht stationär im Krankenhaus und danach in der Tagesklinik. Nach meiner Entlassung kam ich für anderthalb Jahre in ein Internat. Anschließend wohnte ich kurze Zeit in einer betreuten Wohngruppe und lebe nun in meiner eigenen Wohnung. Im Jahr 2000 werde ich Abitur machen und gehe dann für ein Jahr nach Frankreich.

Sandra, 23: Ich besuche die Fachoberschule für Sozialwesen, um hinterher Sozialpädagogik zu studieren. In den letzten sechs Jahren war ich einige Male in stationärer Therapie, u. a. anderthalb Jahre in der Kinder- und Jugendpsychiatrie. Ich mache immer noch eine ambulante Therapie, habe aber die Hoffnung, eines Tages ganz auf eigenen Beinen stehen zu können.

Viktoria, 23: Nach einem Jahr, geprägt von Rückfällen und Zwängen, werde ich nach den Sommerferien auf eine Fachoberschule für Sozialwesen gehen, um dort meine Erzieherinnenausbildung zu beenden und das Fachabitur zu machen. In den letzten sechs Jahren habe ich ein Jahr und drei Monate in der Kinder- und Jugendpsychiatrie und vier Monate in einer psychosomatischen Klinik verbracht. Meine Erfahrungen möchte ich nicht missen. Ich hoffe, dass sie mich mit Hilfe einer ambulanten Therapie an mein Ziel führen werden.

Wiebke, 16: Ich kam in die Kinder- und Jugendpsychiatrie, weil ich einen Selbstmordversuch verübt hatte. Davor hatte ich jahrelang Depressionen, die ich inzwischen überwunden habe. Bis zur achten Klasse bin ich auf eine Realschule gegangen und besuche jetzt ein Gymnasium. Zwei Jahre lang war ich in einem Internat. Ich habe vor, so viele Sprachen wie möglich zu lernen und weiter zu schreiben.

Anmerkung

Kritik und Anregungen erreichen uns unter folgender Adresse:
Alfred-Adler-Schule, Städtische Schule für Kranke
Abteilung in der Kinder- und Jugendpsychiatrie
Stichwort »Irrwege, eigene Wege«
Bergische Landstr. 2
40629 Düsseldorf
Tel. 0211-922-4570
Fax 0211-922-4571

... finden Sie in der EDITION BALANCE des Psychiatrie-Verlages. Sie veröffentlicht Erfahrungsberichte von Psychiatriepatienten, Angehörigen und Profis. Titel wie »Das verrückte Wohnen«, ein authentischer Bericht aus einem Übergangswohnheim, und »Rette mich wer kann«, eine Betreuungsgeschichte aus der Sicht einer Sozialarbeiterin, haben gezeigt, dass Selbstironie und Witz und die ernsthafte Darstellung des psychiatrischen Alltags sich nicht ausschließen. So schlägt die Editon Balance eine Brücke zwischen den »Normalos« und den »Psychos« und eröffnet auf erzählerischem Wege das Verständnis psychischer Krankheiten, die von den Betroffenen und ihren Familien oft als persönliche Katastrophe erlebt werden. Ein schweres Thema nicht leicht, aber leicht zugänglich machen ist das Motto dieser Reihe, das durch eine ansprechende Ausstattung unterstrichen wird. Für junge Menschen und Ihre Eltern sind folgende Titel interessant:

Marie-Luise Knopp und Klaus Napp

WENN DIE SEELE ÜBERLÄUFT
KINDER UND JUGENDLICHE ERLEBEN DIE PSYCHIATRIE

»Das Buch enthält an die 70 kurze Geschichten über die Psychiatrie und das Leben, über Themen wie Angst, Depressionen, Suizidversuche, Psychosen, Eßstörungen und Drogen. Es ist also kein erheiterndes Buch. Man kann es dennoch leicht lesen und darin blättern, weil die Geschichten in ihrer Kürze jeweils für sich stehen. Man kann es im übrigen auch verschenken an Menschen, denen man vermitteln will, was psychische Störungen und Psychiatrie bei Kindern und Jugendlichen sind und was sie bewirken – günstigenfalls und ungünstigenfalls. Das Buch ist ein Erfolg; das läßt sich jetzt schon absehen. Drei Wochen nach Erscheinen mußte der Verlag es nachdrucken lassen. Fast eine Sensation.« *Asmus Finzen, Soziale Medizin*

Edda Hattebier

Reifeprüfung
Eine Familie lebt mit psychischer Erkrankung

*Herausgegeben und mit einem Nachwort versehen
von Heinz Deger-Erlenmeier*

Schizophrenie! Angehörige, besonders Eltern, kennen diesen
einen Moment im Leben, in der eine Diagnose alles verändert.
Eine Mutter erzählt die Geschichte ihrer Familie, sie erzählt von
den Tiefs und von der anhaltenden Hoffnung, dass eines Tages
die Heilung doch eintritt. Sie berichtet aber auch, wie sie und
ihr Mann allmählich lernen, mit der Erkrankung des Sohnes umzugehen, diese Erkrankung als Bestandteil des eigenen Lebens
zu akzeptieren und über die eigene Betroffenheit als Eltern eines chronisch kranken Sohnes zur Selbsthilfe finden: Herr und
Frau Arnold sind Gründungsmitglieder der HPE (Hilfe für
Angehörige psychisch Erkrankter) in Wien.

»Der Leser bekommt die ganze bizarre Bandbreite psychia-
trischer Wege und Irrwege vorgeführt und immer wieder den
bequemen Weg der Schuldzuweisung an die Angehörigen. (...)
Happy End? Nein, es gibt keine Wunderheilung für Konrad,
den kranken Sohn, aber eine neue Werteordnung für die Familie. Sie lernt, panikresistent zu werden, und für sich neue Le-
bensinhalte und Freuden zu entdecken. Sie schafft es, Distanz
zwischen sich und den unglücklichen Sohn zu legen, die zu leben und zu atmen erlaubt.«

Linde Schmitz-Moormann, Psychosoziale Umschau

Thomas Bock
unter Mitarbeit von Gerhard Kemme

PIAS
LEBT GEFÄHRLICH

Mit dem Roman »Pias lebt gefährlich« hat die Edition Balance im Psychiatrie Verlag den Jugendroman für sich entdeckt. Thomas Bock, bekannt geworden durch die Gründung seiner schulemachenden Psychoseseminare sowie mehreren Fach- und Sachbüchern wie »Stimmenreich« und im »Strom der Ideen«, hat unter Mithilfe von Gerhard Kemme bewiesen, dass er auch auf dem Gebiet des Jugendromans etwas drauf hat. Der Anhang des Buches ist reich gespickt mit Wissenswertem über das Verrücktsein und über Psychosen, so dosiert, dass es für jugendliche Leser interessant bleibt.

Sofie, Luise, Niklas und Anton finden eine verlassene, heruntergekommene Villa, in der sie ungestört mit ihrer Band proben und Musik machen können. Dort stoßen sie auf Pias, einem ungewöhnlichen Penner, der eigentlich gar kein Penner ist. Er verschmäht Alk und Tabak. Zunächst erscheint er den Vieren »wie ein Flüchtling, der sich mit letzter Kraft gerettet hat und seiner selbst nicht mehr sicher ist«. Es gibt Vorbehalte auf beiden Seiten: Pias erlebt den Auftritt der Jugendlichen zuerst als Anfeindung, gießt ihm doch einer Bier über den Bundeswehrschlafsack. Pöbeleien kommen in der Regel von Erwachsenen, denen geht er aus dem Weg. Doch mit Niklas, Sofie, Anton und Luise lässt er sich ein. Er kommt ihnen jedoch »unauffällig und scheu vor, wie ein verwundetes Tier«.

Die vier Freunde wissen nicht, wie sie mit Pias umgehen sollen, wenn er verrücktes Zeugs labbert, glaubt, der Robin Hood der Fahrräder zu sein. Er spricht vom Krieg bei Aldi und sagt, dass er im Auftrag der Mafia auf Strommasten klettert und Stromausfälle verursacht. Solch einen »Spinnkram« wollen sich die Jugendlichen nicht anzuhören. Der ist doch verrückt!

Aber irgend etwas fasziniert sie an diesem außergewöhnlichen Menschen; sie sind neugierig auf sein Andersein und wollen seine Lebensphilosophie begreifen. Und die besteht in »Freiheit, Natur, Luft, Durchzug. Einssein im ganzen wie ein Tier.« Artgerecht leben ist seine Devise, unentfremdet.

Berührungsängste werden abgebaut, eine echte Zuneigung entsteht. Als Pias plötzlich verschwindet, beginnt eine wahre Detektivarbeit der vier; sie suchen Pias überall, so sehr ist er den Jugendlichen bereits ans Herz gewachsen. Weil die Geschichte einen Zwischenstopp in der Psychiatrie macht, lernen sie – und nebenbei auch die Leser – einiges über Psychosen.

Die Story um Pias wird verknüpft mit Nebenhandlungen, die Jugendliche interessieren; da geht es um Drogen, Liebe und Eifersucht. Die Geschichte ist spannend geschrieben, mit knappen, präsizen Sätzen; man liest das Buch in einem Zug durch. Und das Spannendste ist: Pias Geschichte ist keineswegs erfunden. Pias gibt es tatsächlich. Es ist Gerd Kemme, der zwölf Jahre lang Kompanieführer bei der Bundeswehr war. Seit 1992, dem Ausbruch seiner Psychose, als ihm seine Frau telefonisch die Scheidung mitteilte, lebt er ohne festen Wohnsitz. In einer Ambulanz für psychisch Erkrankte lernte er Thomas Bock kennen, und dort entstand die Idee zu diesem Buch.

Es bleibt zu hoffen, dass diesen Roman recht viele jugendliche und natürlich auch erwachsene Leser in die Hände bekommen, denn es ist ein aufklärerisches Buch. Es baut Vorurteile gegenüber Außenseitern der Gesellschaft ab und hilft, merkwürdige, skurile oder verrückte Menschen zu verstehen, ohne pädagogischen Zeigefinger.

Peter Mannsdorff, Berlin